KB113175

손을 보고 사람을 아는 법

손을 보고 사람을 아는 법

초판 1쇄 인쇄 2019년 3월 12일
초판 1쇄 발행 2019년 3월 18일

지은이 이정환
펴낸이 이태선
펴낸곳 창작시대사

등록번호 제2-1150호(1991년 4월 9일)
주소 서울특별시 마포구 성미산로 188 (연남동)
전화 02-325-5355 **팩스** 02-325-5385
이메일 changzak@naver.com

ISBN 978-89-7447-217-7 03180

손을 보고
사람을 아는 법

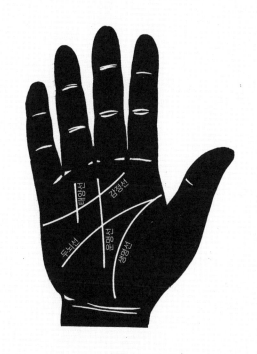

창작시대

서론

　손은 과거, 현재, 미래를 나타내는 자료다.

　인간이 두 다리로 생활하게 된 이후, 인간에게 가장 중요한 신체기관으로 등장하게 된 것이 바로 <손>이라고 말할 수 있을 것이다.

　물론 인간의 신체는 모두 중요한 것이지만 다른 신체기관들이 소극적인 작용을 하는 것에 비해 손은 적극적인 작용을 하는 기관으로서 만지고 쥐고 두드리고 감지하는 능력을 가지고 있으며 감지하는 능력, 즉 감각에 있어서도 뜨겁고, 차고, 단단하고, 부드럽고, 딱딱하고, 푹신한 여러 가지 지각신경을 갖추고 있다.

　그러나 손이 가지고 있는 특성은 여기에서 끝나는 것이 아니라, 그 사람의 인생에 있어서 과거는 물론 현재와 미래의 생활, 운세, 가정문제 등도 표현해내는 운명감정의 중요한 자료로서도 쓰인다는 점이다.

　여기에 기초적인 수상학을 그림과 함께 설명하는 것으로 여러분의 생활에 조금이나마 보탬이 될 수 있기를 바란다.

이정환

목 차

제1부
수상입문

제1장
수상의 의미

1. 손에도 표정이 있다

손이 표현하는 의미

손은 그 사람의 마음이 외부로 표출된 집약적인 자료라고 말할 수 있다.

생물에게는 일종의 본능이 존재하는데, 그것은 감지하는 능력이라고 표현할 수 있으며 크게 두 가지로 분류된다.

① 현재 상태를 감지하는 능력

이것은 누구나 경험하는 감각으로 순간적으로 떠오르는 아이디어와 같다.

② 미래 상태를 감지하는 능력

앞으로 일어날 수 있는 뭔가에 대해 감지하는 능력으로 예지력이라고도 할 수 있으며 왠지 모르게 가슴이 두근거린다거나 어느 장소에 가고 싶지 않은 충동을 느낀다거나 하는 감지력이다.

물론 이런 감지력도 인간의 컴퓨터 중추인 두뇌작용의 일부이며, 일상생활에서의 사건이나 경험과 함께 본능까지도 지각하고 기록하는 두뇌의 기능은 마치 컴퓨터에 입력된 자료가 프린터를 통해 문서화되듯 손에 그대로 나타나게 되는 것이다.

즉, 손은 기능적인 일만 하는 것이 아니라 마음과 생활 현상을 그대로 느끼고 그에 맞게 움직이며 변화해가는 것이다. 결국은 항상 생활과 밀착해서 인간의 마음을 전하고 행동하며 감응하기 때문에 그 표정이 각양각색이다. 손을 감정할 수 있다는 것은 그 사람을 알 수 있다는 것이며, 그것은 곧 그 사람의 운명까지 평가할 수 있다는 뜻이다.

수상을 보기 위해

수상을 보기 위해서는 기초부터 차근차근히 공부하는 것이 중요하다. 처음에는 각 부분의 의미부터 확실하게 기억한 다음, 그것들을 연결시켜서 종합적인 평가를 내릴 줄 알아야 하는 것이다.

일반적으로 <수상 (手相)>이라고 하면, 손금을 연상하는 경우가 많은데, 손금만이 수상의 모든 것을 내포하고 있는 것은 아니다. 손의 생김새, 굵기, 길이 등도 중요한 요소이며 또한 수상의 기초이기도 하다. 그리고 수상은 생활환경에 따라 조금씩 변화해 간다는 것을 염두에 두어야 한다.

수상의 분류

수상은 다음과 같이 분류할 수 있다.

① **수형학(手型學)**:손의 생김새를 보고 성격을 판단한다.

② **수지학(手指學)**:손가락의 길고 짧음, 생김새, 곧고 굽은 것 등을 보고 성격을 판단한다.

③ **수조학(手爪學)**:손톱의 모양과 색으로 병을 판단하고 운세의 흐름을 감정한다.

④ **수구학(手丘學)**:손의 각 부분의 두께와 균형, 색 등으로 성격과 운

세의 강약을 판단한다.

⑤ **수문학**(手紋學):손금, 손바닥의 무늬나 선 등의 변화와 색을 보고 성격이나 운세의 강약을 판단한다.

이상 다섯 가지를 손의 비교연구학이라고 부른다.

⑥ **지문학**(指紋學):지문을 보고 개성이나 운세, 적합한 직업 등을 판단한다.

⑦ **장중팔괘법**(掌中八卦法):손바닥에 팔괘를 적용시켜, 그 색으로 건강, 병 등 모든 문제의 길흉을 판단한다.

지문학이나 장중팔괘법은 동양철학적인 요소를 가미시킨 독특한 감정 방법이다.

오른손, 왼손-수상은 어느 쪽 손을 보는가?

기초적인 감정에서 남자는 왼손을 선천운(40세 이전, 공적인 일), 오른손을 후천운(40세 이후, 사적인 일)을 보는 자료로 삼고, 여자는 오른손을 선천운(40세 이전, 공적인 일), 왼손을 후천운(40세 이후, 사적인 일)을 보는 자료로 삼는다.

이것이 기본적인 방법이지만, 실제 감정에서는 반드시 양손을 함께 보고 판단해야 한다는 것을 잊어서는 안 된다.

어떤 수상학자는 깍지를 끼어보게 해서 엄지손가락이 위로 올라온 손을 선천운, 밑으로 내려간 손을 후천운을 보는 자료로 삼아야 한다고 주장하기도 하지만, 그런 것은 모두 기본적인 틀일뿐 실제 감정에서는 양손이 모두 자료로써 사용되어야 하는 것이다.

2. 손을 내미는 모습을 본다

아무런 뜻없이 손을 내밀었을 때, 또는 수상을 봐 달라고 손을 내밀었을 때 등의 손을 내미는 모습을 보고 감정을 하는 방법으로, 그 사람의 전반적인 성격을 감정하는 데 매우 중요하다. 어느 쪽 손을 내미느냐에 따라 약간의 차이가 있기는 하지만, 사람은 기본적으로 자주 사용하는 손을 내미는 것이 보통이니까, 그 문제는 간과하고 넘어가기로 하자.

다섯손가락을 활짝 펴서 내미는 사람 (그림1)

화통하고 명랑한 성격, 사소한 일에 얽매이지 않는 대범한 성격은 좋지만 지나치게 낙천적인 성격 때문에 끈기가 부족한 결과를 낳는다. 그리고 안 좋은 일이 겹쳐서 낙천적인 성격이 효과를 발휘하지 못할 때는 심한 우울증에 빠지거나 만사를 귀찮게 여기거나 앞뒤를 생각하지 않고 일을 저질러 손해를 보기도 한다. 숨김없이 터놓고 지내는 성격이기 때문에 비밀을 유지하기 어렵다. 금전적인 면에서는 돈이 잘 나가는 산재형이다.

엄지손가락만을 벌리고 내미는 사람 (그림2)

주관이 뚜렷한 사람. 겉으로는 얌전해 보이지만, 뜻하지 않은 면에서

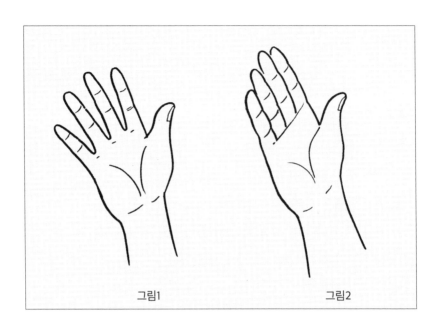

그림1   그림2

적극적인 행동을 하고 자기주장을 내세운다. 이지적이기는 하지만 때로 지나치게 이론을 따져 다른 사람과의 타협성이 결여되어 오해를 받는 경우가 있다. 정직한 마음과 기민성을 활용할 줄 아는 운세가 다른 부분에 나타나 있으면, 손을 내미는 방법으로서는 가장 좋은 성격을 가진 사람이라고 말할 수 있다. 금전적인 면에서도 확실하게 가려서 돈을 쓸 줄 아는 사람이다.

집게손가락을 벌리고 내미는 사람 (그림3)

다른 사람과의 협조성이 부족하고 대인 관계에서 교제가 원만하지 못한 사람. 남에게 의지하지 않고 독립성이 강하다는 점은 좋지만, 이기적인 면이 있고 반발성이 강해서 오해를 받기 쉽다. 일반적으로 쉽게 소외당하는 사람을 보면 이런 타입이 많다. 이런 사람은 동업을 하거나 연구하는 분야에는 어울리지 않는다. 물론 자기의 능력대로 자기가 벌

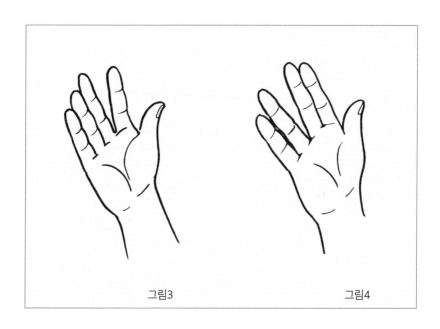

그림3   그림4

어 자기가 쓴다는 점에서는 할말이 없지만, 많은 사람들이 어우러져 사는 사회인 만큼 사교성을 기르는 것이 매우 중요하다.

약손가락을 벌리고 내미는 사람 (그림4)

가족과 친척, 남편이나 아내와의 관계에서 평화롭게 조화를 이루고 살기 어려운 타입이다. 밖으로 나돌기를 좋아하며 다른 사람들에게는 친절하고 조용한 태도로 대하면서 가정에서는 제멋대로 행동하는 면이 많다. 그래서 때로는 가정내의 불화나 트러블을 일으키는 일도 있다. 가정을 불안하게 만들거나 배우자를 불행하게 만드는 타입이니까 늘 약손가락을 붙여 두도록 신경을 쓰는 것이 좋다.

새끼손가락을 벌리고 내미는 사람 (그림5)

금전적인 면에 그다지 관심이 없는 성격으로 장사는 하지 않는 것이

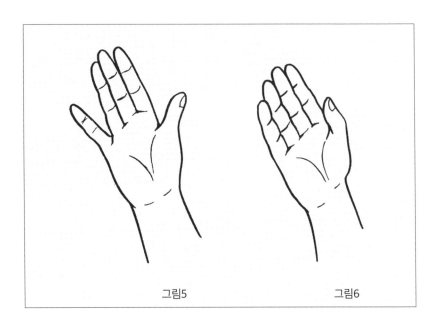

그림5 　　　　　　　그림6

좋다. 또 말의 표현이 서투르고 문장을 작성하는 능력도 뒤진다. 설사 능력이 있다 해도 실력을 발휘하지 못하는 경우가 많다. 그리고 과학이나 연구 분야에도 뒤떨어진다. 자식운도 별로 좋지 않다.

다섯손가락을 모두 붙여서 내미는 사람 (그림6)

착실한 성격으로 조심성이 있지만 소심하고 신경질적인 면도 있다. 무슨 일을 하든 미리 확인하고 돌다리도 두들겨 보고 건넌다는 식의 신중파. 지나치게 소극적이어서 때로는 좋은 기회를 놓치는 경우도 있지만, 그 대신 모험이나 무모한 도전을 하지 않기 때문에 큰 실패도 하지 않는다. 융통성이 부족하고 지나치게 완전한 것을 추구하는 성격이 단점이니 그것을 고치도록.

손 전체를 오무려서 내미는 사람 (그림7)

주의 깊고 소심한 성격인데, 가장 중요한 점은 구두쇠라는 것. 물질면·금전면에서는 늘 확실하게 계산을 해서 절대로 손해보는 짓을 하지 않는다. 다른 사람의 일에는 간섭하지 않는 타입. 그 덕분에 금전적인 면에서 만족하고 살 수 있으니까 좋은 점인지 나쁜 점인지는 본인이 판단할 일. 한번 움켜쥔 돈은 절대로 토해내지 않는 지독한 구두쇠 타입이다.

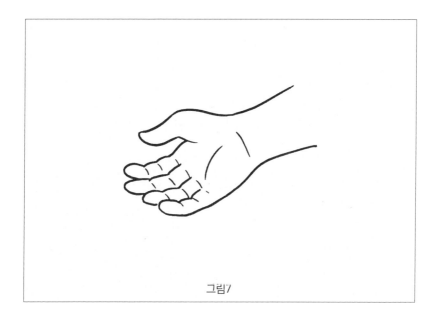

그림7

3. 손 모양의 감정

수상학에서는 손 모양을 크게 7가지로 분류할 수 있다. 물론 사람의 손 모양은 각양각색이지만, 그 중에서도 특징적인 7가지의 형태를 선별했으니 자신의 손과 타입을 보고 판단하기를 바란다.

첨두형(尖頭型) (그림1)

형태 : 피부가 하얗고 손 전체가 가늘며 손가락은 늘씬하고 손톱쪽으로 갈수록 좁아진다. 손가락마디는 거의 두드러져 보이지 않는다. 엄지손가락이 작고 손톱이 가늘고 길다.

성격 : 현실과 동떨어진 공상을 잘한다. 로맨티스트로 화려한 것을 좋아해서 신분에 걸맞지 않는 사치와 허영을 즐긴다. 의타심이 강하고 사람을 쉽게 믿으며 그 사람에게 뭔가를 기대하는 경우가 많다. 그 때문에 남에게 속기 쉽고 상처받기 쉽다.

또 기분에 의해 행동이 좌우되고 쉽게 감정적으로 변하며 신경질이 많고 사소한 일에도 신경을 써서 변덕이 많은 타입이다.

색채에 대한 감각이 예리하고 사람에 따라서는 음악성이나 감정을 색채로 표현하는 재주가 뛰어나 미술가로서 적합하다. 그뿐 아니라 감각이나 아이디어도 뛰어나서 문학, 예술에 관한 이해도도 높으며 심리

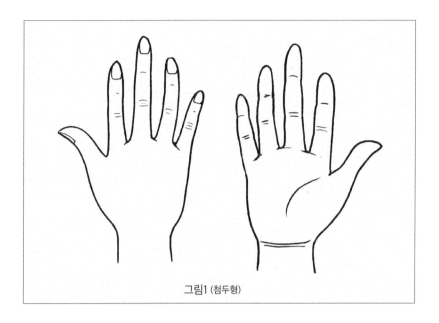

그림1 (첨두형)

적인 면이 강해서 감정, 본인, 인상을 중시하며 신경이 날카롭고 예민하다.

두뇌선이 발달해 있다면 예술가, 소설가, 배우로서 적합하다. 상대의 마음을 간파하는 능력이 뛰어나 사교성도 좋다. 늘 명랑하고 밝은 분위기여서 인기도 좋지만 진실한 친구는 별로 없으며 우정보다 사랑을 중시하고 사랑을 즐길 줄 아는 로맨티스트다.

건강 면에서는 호흡기 계통이나 소화기 계통의 병에 걸리기 쉬우며 한번 걸리면 꽤 오래가는 편이다.

원추형(圓錐型) (그림2)

형태 : 손 전체의 크기는 보통이지만 손도 손가락도 둥근 느낌을 준다. 손가락마디는 그다지 두드러져 보이지 않고 손등에 보조개처럼

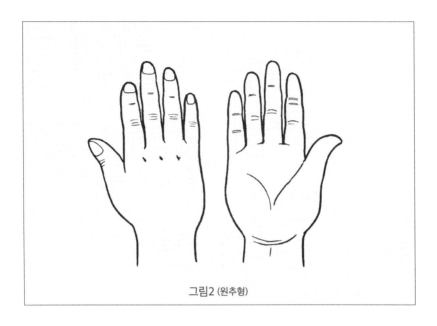

그림2 (원추형)

귀여운 우물이 패이기도 한다. 피부는 부드럽고 혈색도 붉은 기운을 띠고 있지만 첨두형처럼 하얀색은 아니다. 손바닥은 위쪽이 약간 좁고 손가락은 뿌리 부분에서 끝으로 갈수록 원추형을 보인다. 엄지손가락의 뿌리 부분이 둥글고 새끼손가락의 선이 부드러워 보이는 것이 특징이다.

　성격 : 예술·예능적인 손으로 불리며 본능적인 면과 함께 공상적·감각적인 직감력이 강하고 충동적이다. 감수성도 예민하고 이해력도 풍부하며 표현력도 뛰어나서 감정 표현으로 사람들의 마음을 움직이는 예술가와 같은 직업에 어울린다.

　또 명랑한 성격으로 사람들에게 인기를 얻는 타입이기 때문에 연회나 집회에서는 리드격으로 나서기를 잘하지만, 자기 위주로 행동하는 것이 단점이다. 쉽게 감동하고 동정심이 강하며 특히 눈물이나 슬픔에 민감하다. 첨두형의 손은 공상을 잘하는 타입이지만, 이 원추형의 손은 현실적인 꿈이나 슬픔에서 감동을 느끼기 때문에 멜로 드라마를 좋아한다.

아이디어는 좋지만 계획성이 부족하거나 의타심이 강해서 좀처럼 실행에 옮기지를 못한다. 그러나 원추형이라도 손이 단단하고 탄력이 있거나 두뇌선이 좋으면 남녀 모두 충분히 실력을 발휘할 수 있다. 의사 표현도 강하고 스태미나도 있어서 명랑한 성격과 조화만 잘 이룬다면 뜻한 것을 얻을 수 있다. 첨두형과 비슷하기는 하지만 그보다는 더욱 현실적인 성격이라고 말할 수 있다.

결절형(結節型) (그림3)

형태 : 일반적으로 손이 길고 크며 손가락마디가 불그러져 보인다. 손가락 끝은 원추형이고 손톱이 길며 혈색은 푸르스름한 기운을 띤다.

성격 : 정신적인 면을 중시하는 철학적이고 지적인 손으로 물질보다는 학문을 좋아해서 지식을 모으고 연구에 열중하는 경향이 강하다. 특히 한 가지 일을 깊이 연구하는 학자에게서 많이 볼 수 있는 손이다. 따라서 지식욕·연구욕이 왕성하고 생각이 깊기 때문에 아무리 어려운 일이 닥쳐도 하나하나 견뎌 나가는 인내심이 깅하다.

그러나 감정에 얽매이지 않고 이론에 맞게 신중하게 계획을 세우기는 하지만 실천력이 부족한 경우가 많다.

고독을 사랑하는 타입으로 말이 별로 없고 비밀이 많은 사색가다. 자기 반성도 잘 하는 편이지만, 사교적인 면에서 싫고 좋은 것이 지나치게 분명하기 때문에 자기 위주의 생활을 한다. 도가 지나칠 경우에는 주위를 배제하고 자기만의 울타리 안에 틀어박혀 고독한 생활을 보내기도 한다.

정신적인 면에 열중하는 반면, 물질적인 면이나 금전적인 면에서는 재능이 별로 없고 또 관심도 적은 편이다. 즉, 돈을 많이 벌게 될 상은 아니다.

직업으로서는 학자, 연구가, 종교가, 그 밖의 신비적인 일이나 심리학연구 등이 알맞고, 취미생활로는 골동품수집 같은 것을 하는 사람이 많다.

여성인 경우는 결벽증에 가까운 성격이 많고 고독을 즐기는 편이다.

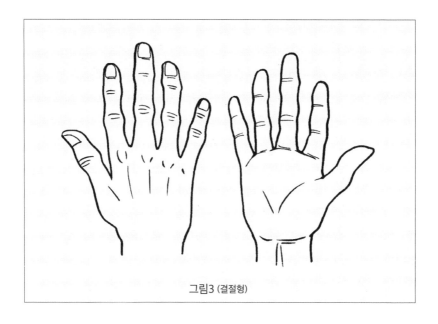

그림3 (결절형)

사각형 (그림4)

형태 : 손은 큰 편이고 손바닥 아랫부분이 사각형으로 되어 있으며 손가락은 보통 뿌리 부분부터 끝까지 원통처럼 되어 있다. 손톱은 짧은 편이 대부분이지만, 여러 가지 형태가 있다고 보는 것이 옳다.

성격 : 일반적으로 가장 많이 볼 수 있는 상으로, 굳은 사고방식을 가지고 있으며 생활에서나 일에서나 규칙적인 습관을 몸에 익히고 있는 경우가 많다.

외관보다는 내실을 중시하며 이상보다 현실을 선택하는 편이다. 아이디어나 빠른 두뇌회전은 부족하고, 충실하고 보수적인 경향이 강하다. 특히 독창성이나 상상력이 부족한 편이지만, 일에 대해서는 성실하고 강한 의지력으로 열심히 도전하는 경우를 많이 볼 수 있다.

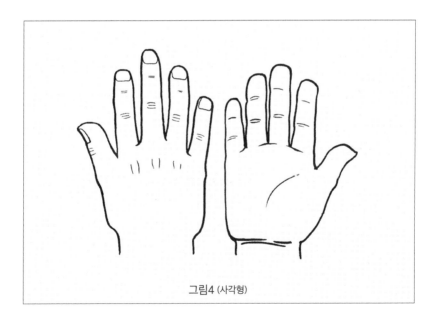

그림4 (사각형)

다툼이나 분쟁은 그다지 좋아하지 않지만, 한번 옳다고 믿은 일은 무슨 일이 있어도 관철시키는 고집이 있다. 융통성이 없고 상황에 따라 쉽게 대처하지 못하는 완고함 때문에 손해를 보는 타입이다.

사교면에서도 그다지 능숙하지 못하고 팔방미인격은 아니다. 친한 친구에게만 마음을 털어놓아 때로는 오해를 받는 경우도 있다. 하지만 한번 맺은 우정은 매우 중요시하고 의리도 강하다.

가정을 사랑하는 편이고 책임감도 강하지만 애정 표현이 능숙하지 못하고 기회를 붙잡는 능력도 서투르다.

여성인 경우에는 가정적이고, 요리나 가계를 꾸려나가는 능력도 뛰어나다. 육아에 관해서 끈기 있게 연구하며 모성애도 강하고 부지런히 움직이는 편이니까 매우 가정적이라고 할 수 있다. 다만 애정면에서 무뚝뚝한 편이고 결단력이 없는 탓에 손해를 보는 수가 있다.

주걱형 (그림5)

형태 : 다섯 개의 손가락 끝이 마치 주걱처럼 넓적한 모양이다. 특징은 손목쪽의 손바닥 부분이 넓든가 손가락의 뿌리 부분이 넓은 것이다. 손가락 끝은 얼핏 보기에 살모사의 머리처럼 생겼다.

성격 : 가만히 있기를 싫어하는 활동적인 성격이기 때문에 발명가와 같은 직업이 어울린다.

첨두형이나 원추형은 공상을 좋아하지만, 이런 형은 공상을 싫어하고 말보다는 실천을 하는 사람으로 실현이 가능한 꿈이라면 묵묵히 실행에 옮기는 것이 보통이다.

무슨 일이든 정력적으로 진행시키는 타입으로, 사회의 어떤 부문에서도 창조적인 개성을 발휘한다.

의지력이 강하고 자신감에 넘치며 남을 흉내내는 짓은 하지 않는다. 그러나 때로는 형식에서 크게 벗어난 일을 무리하게 실행하거나 지금까지의 습관이나 오랜 규칙에 얽매이지 않고 새로운 것을 찾아 행동하기 때문에 주위로부터 비판의 대상이 되거나 오해를 받는 경우도 적지 않다. 하지만 나중에 그 진가를 인정받는 것이 보통이니까 지나친 행동이라고 탓할 수만은 없을 것이다.

사교면에서도 명랑한 성격이다. 허세나 허영을 좋아하지 않으며 인정이 많고 정직하며 자신의 감정을 즉시 얼굴에 드러내지는 않는다. 한 번 결심을 하면 대담하게 실행에 옮긴다. 그래서 애정면에서도 달콤한 사랑을 속삭이는 것보다는 상대에게 자신의 마음을 직접적으로 터놓고 이야기하는 타입이다.

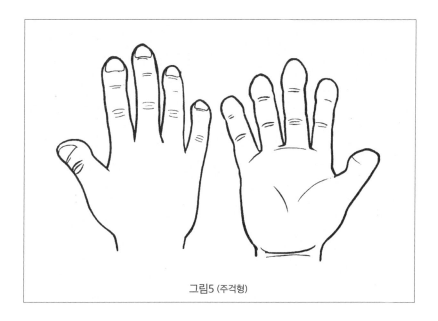

그림5 (주걱형)

여성의 경우에는 재주가 있고 부지런하다. 일상생활에도 여러 가지 아이디어를 반영하고 연구를 해서 바쁜 시간을 쪼개 새로운 활력을 창출해 내기 위해 노력하는 타입이다. 다만 잔소리가 좀 많은 것이 흠이다.

원시형 (그림6)

형태 : 손바닥이 특히 크고 두툼하며 손가락은 굵고 짧아서 약간 조잡한 느낌을 준다. 피부도 두꺼운 편이고 거칠며, 색은 검은 편이다. 손톱은 짧고 단단하다. 그다지 보기 좋은 손이라고는 말할 수 없다.

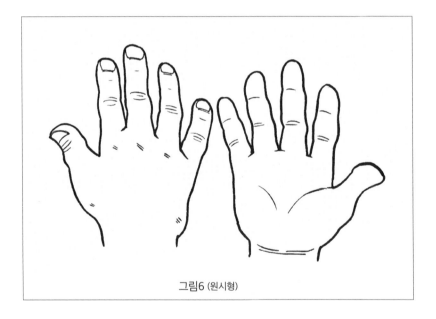

그림6 (원시형)

성격 : 소박하고 단순하다. 성실하고 정직하지만, 사물에 대해 깊이 생각하거나 연구하는 것은 싫어한다. 융통성이 부족해서 손해를 보는 경우가 많다.

감정 변화나 재치는 뒤지지만, 식욕이나 성욕 같은 본능적인 감각이 뛰어난 편이어서, 이것들을 컨트롤할 수 있는 이성, 즉 주뇌선이 좋지 않으면 행동이나 말씨가 난폭해져 단순히 감정적으로 행동하게 될 우려가 있으니 조심해야 한다. 요령이 없고 표현이 서툴기 때문에 교제에서의 중심자적 위치에 서거나 대중을 설득하는 일에는 맞지 않다. 그리고 빠른 두뇌회전을 요구하는 최첨단 사업에도 적합하지 않다.

체력은 뛰어난 편이고 애정도 두터운 편이어서 외골적으로 순정을 바치지만 애정 표현이 서툰 것이 흠이다.

그리고 원시형이라는 이름은 붙였지만, 그런 식으로 생겼다는 뜻이지 순수한 원시형의 손이 있다는 뜻은 아니다. 문명의 발달과 더불어 인간은 진화하는 것이며, 여기서 말하는 원시형이란 인류의 문화가 발달한 현대사회에서 볼 때 원시적 요소가 가미되어 있는 손이라고 해석해야 할 것이다.

혼합형 (그림7)

형태 : 혼합형은 여러 가지 형태를 조합해 놓은 모습이라고 말할 수 있다. 손바닥의 형태는 특별한 기준이 없어서 사각형도 주걱형도, 그렇다고 해서 지적인 결절형도 아니고 원추형이나 첨두형이라고도 보기 어려운 형이다. 이 형을 분간하는 비결은 손가락의 모양을 보는 것이다. 엄지손가락과 새끼손가락을 제외한 나머지 세 손가락의 모습이 모두 다른 형에 속할 때 혼합형이라고 본다. 예를 들면 집게손가락은 첨

두형, 가운데손가락은 주걱형, 약손가락은 결절형처럼 되어 있는 경우다.

또 다섯 개의 손가락이 모두 다른 형에 속하는 경우도 있다.

성격 : 여러 가지 형태가 섞여 있다는 것은 그만큼 복잡하다는 뜻이다. 일반적으로 어느 환경, 어느 화제에도 잘 순응해 나갈 수 있는 반면에 한 가지 일에 정착하기 어렵다고 본다.

취미도 폭넓게 가지고 있지만 그 깊이가 얕고, 모든 방면에 약간씩의 지식과 재능을 가지고 있지만 특별히 뛰어난 부문이 없다는 뜻이다. 화술도 뛰어난 편이어서 정치, 경제, 스포츠, 연예 등 모르는 것이 없지만 모두 말 뿐, 깊이 파고 들어가면 제대로 알고 있는 것은 아니다.

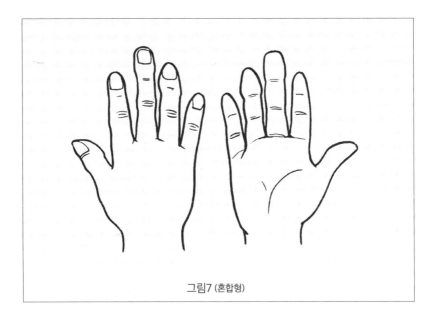

그림7 (혼합형)

그리고 마음이 변하기 쉽기 때문에 직업이나 생활에 변화가 많고 애정면에서도 여러 가지 다른 모습을 보이며 상대도 자주 바꾼다.

그러나 두뇌선이 발달되어 있을 경우에는 팔방미인이면서 특별히 뛰어난 재능까지 겸비해 크게 성공할 수 있다.

제2장
수구학

1. 수구학(手丘學)-요철을 본다

손바닥에서 볼 수 있는 튀어나오고 들어간 요철 부분을 수상학에서는 언덕, 또는 구(丘)라고 표현하며 크게 9가지로 구분한다.

이 각 구들이 발달되어 있느냐(탄력이 있고 살집이 도톰한 상태), 발달되어 있지 않느냐(탄력이 없고 살집이 빈약한 상태)를 보고 감정을 하는 데 하나하나의 구의 발달도 중요하지만, 손 전체의 균형도 중요하다. 만약 전체적으로 그다지 발달된 부분이 없는데 한 군데만 유난히 발달되어 있다면 그것은 오히려 과잉발달로 보아 좋은 감정을 할 수 없는 것이다. 그것을 염두에 두고 각 구의 설명을 참조하기 바란다.

*수구학 : 구릉의 명칭

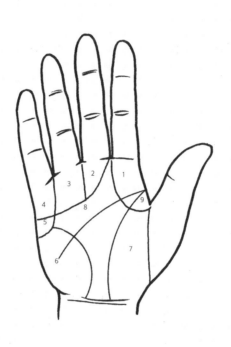

① 목성구(木星丘)

② 도성구(⊥星丘)

③ 태양구(太陽丘)

④ 수성구(水星丘)

⑤ 제2화성구

⑥ 월구

⑦ 금성구

⑧ 화성평원

⑨ 제1화성구

1) 목성구(木星丘)

집게손가락의 바로 아래에 위치하며 지배력, 야심, 희망, 권력, 명예 등을 판단한다.

적당히 발달해 있는 경우

사교성이 있고 성격도 밝으며 자연스럽게 사람들의 중심적 위치에 서서 지배하는 입장에 놓인다. 또 목소리의 톤이 높은 것이 특징이다. 뭔가 한 분야에서 성공하여 명예를 얻을 수 있는 소질이 있다.

지나치게 발달해 있는 경우

조숙한 편, 금성구도 발달한 편이라면 일찍 결혼할 타입. 그러나 제 멋대로인 편이어서 가끔씩 옆길로 새거나 안하무인격인 행동을 하기도 하고, 야심이나 희망이 지나쳐서 자기 위주로 일을 처리할 우려가 있으며 낭비벽이 심하다.

거의 발달하지 않은 경우

소극적인 성격 때문에 손해를 보는 타입. 적극성이 모자라서 자신의 희망을 이루기 위해서는 많은 시간이 필요하다.

목성구는 소화기 계통과 간장 계통을 나타내는데, 발달된 정도는 그 기관의 활동과도 연결되어 있다.

2) 토성구(土星丘)

가운데손가락의 아래에 위치하며 세심성, 경계력, 판단력, 신비성, 건실함 등을 판단한다.

적당히 발달해 있는 경우

성실하고 인내력도 강하며 지식욕도 왕성하다. 상식도 갖추고 있고 정도를 찾아 올바른 인생을 살아가는 타입.

지나치게 발달해 있는 경우

뜻밖으로 겁쟁이에 조심성이 많아서 다른 사람에게 차가운 인상을 심어주기 쉽다. 금전적으로 이기적인 편이며, 다른 부위에 인색한 면이 있으면 구두쇠가 되기 쉽다. 그러나 연구심이 있고 신비한 면도 있어서 좋은 면만 잘 살린다면 실수를 하지 않는 보람된 인생을 보낼 수 있다.

거의 발달하지 않은 경우

인생을 나쁘게만 생각하는 비관적인 경향이 짙어서 고독해지거나 이성과의 인연도 적은 타입이다. 금성구는 심장, 혈압, 간장을 나타낸다.

3) 태양구(太陽丘)

약손가락의 아래에 위치하며 아름다움의 신, 사랑의 신으로 불리는데 독창성, 예술, 예능, 재력, 성공운, 행복의 정도, 정신적 품위 등을 판단한다.

적당히 발달해 있는 경우

두뇌가 영리하며 미적·예술적 직감력이 뛰어나다. 사람들과의 교제도 명랑해서 누구에게나 사랑받는 타입. 지나치게 요령을 부리는 면과 너무 개방적인 면만 잘 혼합해서 자신의 개성을 살려나간다면 대성공을 거둘 수 있다.

지나치게 발달해 있는 경우

사회를 좋아하고 성격이 급하며 조심성이 없다. 자기의 실력이상으로 명예나 명성을 쫓는 반면에 자기의 언행에 대한 책임감이 부족하기 때문에 실패하기 쉽고 관계에서도 시기심이 강한 타입이다.

거의 발달하지 않은 경우

미적인 이해도가 결여되어 있으며 사교적인 면에서도 서툰 편, 재정 운영 능력이 뒤지기 때문에 예술 방면의 직업은 맞지 않다.

태양구는 신경 계통과 심장 계통을 나타낸다.

4) 수성구(水星丘)

새끼손가락 아래에 위치하며 장사(사업)의 신으로 불린다. 사업수단, 연구심, 화술, 사교성 등을 판단한다.

적당히 발달되어 있는 경우

사교성이 뛰어나고 사람을 끌어들이는 화술이 능숙한 타입. 약간 조숙한 편이며 만약 결혼선이 발달되어 있으면 일찍 결혼하는 경우가 많다.

지나치게 발달해 있는 경우

화술이 뛰어나며 문장 표현도 능숙한 타입.

사람의 심리를 잘 간파하여 장사나 사업에서 성공을 거둔다. 또 연구심도 왕성해서 수학, 심리학, 의학 등의 직업에도 잘 어울린다.

거의 발달하지 않은 경우

화술이 뒤떨어지고 대인 관계도 서툴러서 사업이나 장사에는 맞지 않는다. 재물을 모으거나 관리하는 데도 서툰 편이다. 특히 다른 구는 꽤 발달한 편인데 이곳만 거의 발달하지 않은 경우에는 냉담한 성격에 미신을 좋아하거나 거짓말을 잘하고 도벽이 있는 사람도 있다.

수성구는 생식기 계통을 나타낸다.

5) 제1화성구(火星丘)

목성구의 아래, 엄지손가락 뿌리 부분의 위쪽에 위치하며 투쟁력, 적극성, 정신력, 저항력, 자존심을 판단한다.

적당히 발달해 있는 경우

정도를 향해 긍지를 가지고 적극적으로 행동하며 마음먹은 일은 반드시 달성시키는 강인함이 있다. 저항력도 있고 어려운 문제에 부딪혀도 참고 견뎌내 자기의 뜻을 실현해 나갈 수 있는 타입이다.

지나치게 발달해 있는 경우

자기의 뜻만을 내세우며 양보를 할 줄 모르기 때문에 다른 사람과의 교제에서 마찰을 일으키기 쉬운 타입이다. 흥분을 잘하고 툭하면 싸움을 하며 행동이 거친 편이다.

거의 발달하지 않은 경우

소심하고 소극적이면서 급한 성격이기 때문에 쉽게 화를 내고 삐치기를 잘한다. 그리고 자기의 주장을 끝까지 관철시키는 강인함도 없어서 늘 중도에서 포기하는 타입이다.

제1화성구는 소화기 계통, 간장, 심장을 나타낸다.

6) 제2화성구

수성구의 아래, 월구의 위쪽에 위치하며 인내력, 정의감, 내적인 강인함을 판단한다.

적당히 발달해 있는 경우

정의감이 풍부하며 그릇된 일이나 행동을 싫어한다. 겉으로는 얌전해 보이지만 뜻밖으로 강인한 성격을 내포하고 있다. 참을성도 있으며 결코 약자를 괴롭히지 않는다. 이른바 믿고 의지할 수 있는 타입이다.

지나치게 발달해 있는 경우

인내력과 내면적인 강인함이 있다. 자기의 뜻을 표면에 드러내지 않은 상태에서 조용히 관철시키는 강한 의지를 갖추고 있다. 꽤 이론적인 면도 내포하고 있다.

거의 발달하지 않은 경우

참을성과 인내력이 부족하다. 중도포기를 잘하고 마음이 왜곡되어 있어서 심술궂은 행동을 하기도 한다.

제2화성구는 유전병, 중풍, 호흡기 계통을 나타낸다.

7) 월구(月丘)

제2화성구의 아래, 손목의 위쪽에 위치하며 달의 여신으로 불린다. 정신적인 사랑, 창조력, 예술적인 재능을 판단한다.

적당히 발달해 있는 경우

정신적인 사랑도 풍부하고 우정도 두터운 로맨티스트. 미적인 감각도 예민하고 사교성도 뛰어나며 모든 것에 대한 사랑과 부드러움을 갖춘 타입이다.

지나치게 발달해 있는 경우

창조력이 지나치게 발달한 탓에 상상력으로 이어져 실현이 불가능한 공상을 하기 때문에 허풍스런 성격인 경우가 많다. 변덕이 심하고 상대를 동정하는 마음이 결여되어 있어서 냉담한 모습으로 비치기 쉽고 그 때문에 결혼이 늦어지는 경우도 있다.

거의 발달하지 않은 경우

꿈이나 무드가 없이 너무 현실적인 탓에 자기의 욕망을 달성하는 일에만 매달리기 쉽다. 또한 부족한 창조력은 편협된 사고방식을 가지게 되는 원인으로서 작용한다.

월구는 호흡기, 순환기 계통을 나타낸다.

8) 금성구(金星丘)

제1화성구의 아래, 엄지손가락의 뿌리 부분에서 손목까지 이어진 부분.

월구의 정신적 사랑에 대해 실질적이고 육체적인 사랑과 건강, 정력, 금전운을 판단한다.

적당히 발달해 있는 경우

성격이 명랑하고 건강하며 친구나 애인, 타인에 대한 동정심도 풍부한 타입이다. 혈액이 붉고 보기 좋으면 금전운도 좋다.

지나치게 발달해 있는 경우

건강하기는 하지만 이상이 거의 없고 무슨 일에나 지나치게 현실적이어서 육체적인 능력에 의지하기 쉬운 타입. 금전운은 좋은 편이다. 그러나 성욕이 너무 왕성한 탓에 함부로 행동하다가 봉변을 당하기 쉬우니 조심할 것.

거의 발달하지 않은 경우

체력, 스태미너가 부족하다. 잔병치레가 많고 금전운도 희박하며, 여성은 지나치게 공상을 좋아하고 결벽증에 걸리기 쉽다.

금성구는 심장과 소화기 계통을 나타낸다.

9) 화성평원(火星平原)

손바닥 중앙의 약간 패인 부분. 전반적인 성격과 운세의 강약을 판단한다.

주위의 언덕이 높고 화성평원이 그다지 패이지 않은 경우

즉, 손이 두툼하고 손바닥의 한가운데도 그다지 패이지 않은 경우에는 자기 중심적이고 때로는 오만한 태도를 보이는 일이 있다. 사물을 객관적으로 보는 시각을 기를 것.

손바닥이 얇고 주위의 언덕도 높지 않은데 화성평원이 움푹 패여 있는 경우

성격이 소심하고 운세도 약하다. 생명선이 패여 있는 경우에는 가정에 고민이 많고, 감정선이 패여 있는 경우에는 감정이나 애정문제로 고민이 많으며, 운명선이 패여 있는 경우에는 금전, 사교적인 문제로 고민이 많다.

제3장
수상학—손금

수상학(手相學)-손금

　손금은 그야말로 여러 종류이기 때문에 사람마다 생김새가 모두 다르다. 그리고 자주 변한다. 흔히 3대선으로 불리는 생명선, 두뇌선, 감정선은 기본적으로 변하지 않지만 잔금의 모양은 바뀌니까 역시 손금 전체가 변한다고 보는 것이 옳다.

　그리고 이 3대선에 태양선과 운명선을 합쳐서 5대선이라고 부른다.

　수상학에서는 이 5대선을 기본으로 삼아 여러 가지 모양의 무늬들을 통합, 판단한다. 다만 주의해야 할 것은 손금에만 신경을 써서는 안 된다는 것이다. 손을 내미는 방법, 생김새, 손가락, 손톱, 언덕 등을 종합해서 판단해야 하는 것이다.

*5대선의 명칭

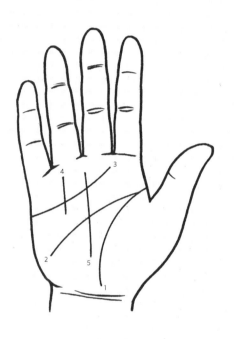

① 생명선
② 두뇌선
③ 감정선
④ 태양선
⑤ 운명선

1. 생명선(生命線)

생명선은 엄지손가락과 집게손가락의 중간 부분에서 출발하여 금성구를 둘러싸고 있는 선을 말한다. 주로 수명의 장단(長短)을 보며 건강이나 생활력, 가정운, 주거 문제 등도 판단한다.

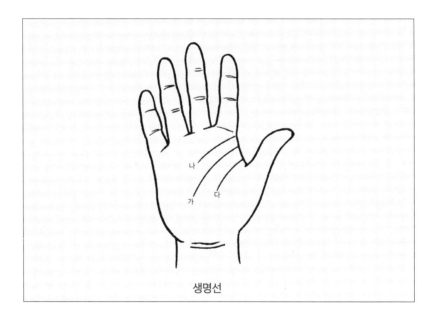

생명선

1) 생명선의 기점(시작부분)을 보는 방법 (그림참조)

엄지손가락과 집게손가락의 중간에 기점이 있는 경우 (가)

성격도 밝고 활력도 있다. 선이 끊어지거나 흐트러지지 않고, 깊고 뚜렷하게 패여 있으며, 그 주위의 색이 불그레하고 보기 좋은 것이 길상으로, 건강하고 성실하며 활기가 있다. 물론 수명도 길어서 장수할 상이다.

집게손가락 가까이에 기점이 있는 경우 (나)

제1화성구의 범위가 넓어지는 꼴이기 때문에 적극성이 강해지고 인내력도 늘어나 열심히 노력하는 타입이다. 그 결과 성공을 거두기 쉽다. 또 생명선이 크게 곡선을 이루게 되기 때문에 장수할 상이다.

엄지손가락 가까이에 기점이 있는 경우 (다)

이 경우에는 제1화성구의 범위가 좁아지고 생명선이 그리는 곡선도 작아진다. 그 때문에 소극적이고 자제력이 부족하며 솔직하지 않다. 또한 겁쟁이면서도 쉽게 싸움을 하려 느는 결점이 있나. 건강도 좋다고 볼 수는 없다.

2) 생명선의 말미(끝나는 부분)를 보는 방법

말미가 두 갈래로 갈라져 있는 경우 (그림1)

두 갈래로 갈라진 부분에 해당하는 나이에 병을 앓게 되든가 무력감 때문에 만사를 포기하게 되는 경우가 있다. 두 갈래로 갈라진 공간이 크면 클수록 주거지나 사업의 변화가 많고 싫증을 잘 내는 성격으로 변한다.

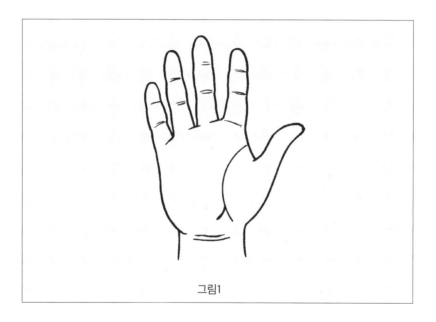

그림1

말미가 엄지손가락에서 두 갈래로 갈라져 있는 경우 (그림2)

나이를 먹어가며 정력이 더욱 왕성해지고 스태미나도 좋아진다는 것을 뜻한다. 이런 경우에는 생명선이 길고 끝 부분이 갈라져 있는 상태를 가리킨다.

지선이 여러 갈래로 뻗어 있는 경우 (그림3)

소화기 계통이 약하고 체력소모가 많은 타입이다. 또 가정내의 불평·불만, 고독을 맛보기 쉬운 상으로 체력을 과신해서 몸을 보호하지 않는 경우에 이런 선이 나타나게 된다.

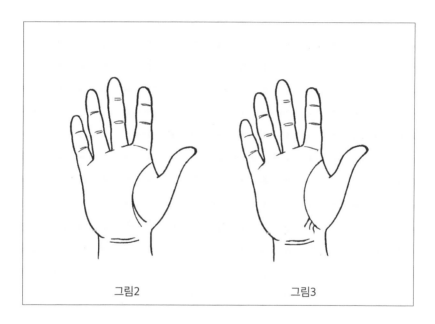

그림2   그림3

말미에 여러 개의 지선이 교차해 있는 경우 (그림4)

쉽게 피로를 느껴 힘든 일을 하기 어려운 체질로 끈기도 없다. 신경
질적이고 사소한 일에 신경을 많이 쓰는데, 그럴수록 이 선은 더 늘어
난다. 만약 이 부분이 잿빛을 띠고 있다면 신경성 질환, 불면증 등을 의
심할 수 있다.

말미가 X나 *무늬에 의해 끊어져 있는 경우 (그림5)

모두 좋게 볼 수는 없는 상이다. 큰 상처를 입게 되거나 병에 걸리는
예상치 않은 재난을 당할 염려가 있으니 조심해야 한다.

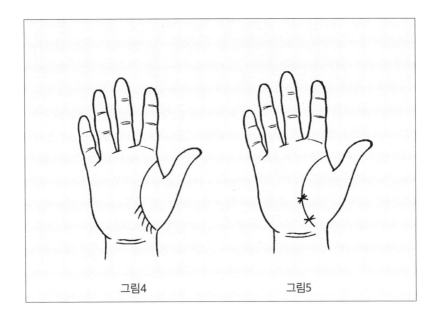

그림4   그림5

3) 생명선에 있는 상처나 그 밖의 무늬를 보는 방법

몇 가닥의 가는 선이 가로지르고 있는 경우 (그림6)

길이나 곡선의 정도도 파악해야 하지만, 일반적으로 몸이 약해지거나 외부의 간섭에 의해 정신적 타격을 받거나 사회생활에서 장애에 부딪히게 된다. 한 가닥만이 굵고 깊게 패여 가로지르고 있는 경우에는 돌발적인 재난이나 병에 걸릴 우려가 있으니 조심해야 한다.

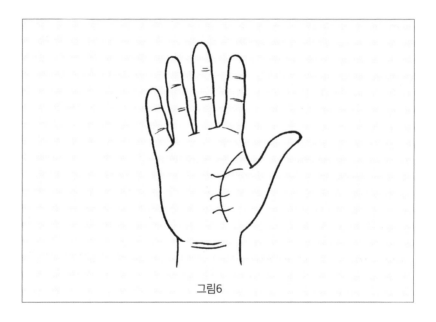

그림6

엄지손가락에 상처나 사마귀가 있는 경우 (그림7)

사마귀는 후천적으로 생기는 것이 대부분이지만, 그래도 좋은 의미로 볼 수는 없다. 갑작스런 병이나 상처, 가정 문제가 있을 징조로 해석한다. 재해나 장애에 대비하여 조심하는 것이 좋다.

엄지손가락 쪽에 이중생명선이 있는 경우 (그림8)

이 선은 건강선 또는 화성선이라고도 불리며 생명선의 보조선으로도 보는데, 틀리기 쉬운 것은 이 선이 있으면 건강하다고 생각하는 견해다. 그렇게 해석하는 것이 아니라 이 선이 있으면 병에 걸리더라도 그 병에 대한 저항력이 있다고 판단해야 한다.

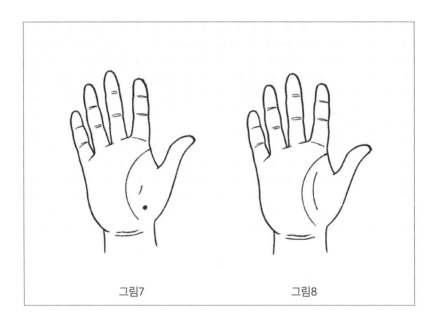

그림7   그림8

4) 생명선 위에 있는 섬들 (그림9 참조)

윗부분의 섬

겁쟁이에 소심한 대신 사물에 대한 세심한 성격을 갖추고 있다. 사소한 일도 확실하게 처리하는 끈기가 있지만, 어린 시절에는 그다지 건강하지 못했다고 판단한다.

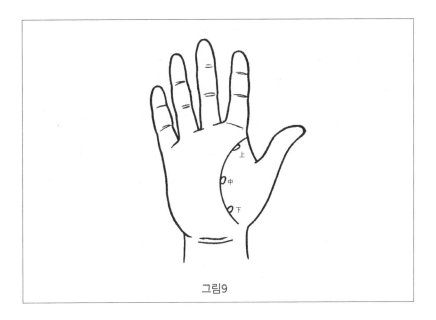

그림9

중간 부분의 섬

소화기 계통의 만성적 질환에 걸리기 쉽다. 만약 섬이 있고, 그곳부터 위쪽으로 걸쳐 잿빛을 띠고 있는 경우에는 현재 위장이 좋지 않은 상태라고 볼 수 있다. 대부분 손에 색이 드러나는 경우는 초기단계로 의학적 소견으로는 나타나지 않는 것이 보통이니까, 이런 경우에는 즉시 절제를 하고 활동적인 생활을 하도록 힘쓰는 것이 좋다.

아랫부분의 섬

늘 몸이 어딘가가 편치 않고 잔병치레를 많이 하는 상이다. 성격도 신경질적인 경우가 많다.

5) 생명선의 중간이 끊어져 있는 경우

중간이 끊어져 있는 경우 (그림10)

생명선이 끊어져 있는 시기에 큰병을 앓게 될 염려가 있다. 만약 끊어져 있는 부분이 1센티미터 이상이고 양손이 똑같이 끊어져 있으며, 두뇌선이 짧든가 끊어져 있는 경우에는 생명을 유지하기 어렵다. 다만 가늘더라도 지선이 있어서 이어 준다면 걱정하지 않아도 된다. 평상시 건강에 신경을 쓰는 것이 지선을 만드는 중요한 열쇠다.

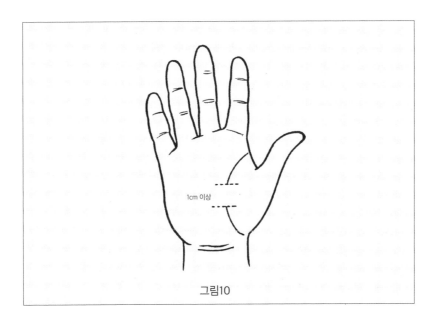

그림10

끊어진 위치에 자매선이 있는 경우 (그림11)

생명선이 끊어져 있는 시기에 병에 걸릴 상이지만, 자매선이 있기 때문에 생명에는 지장이 없다. 자매선은 생명선과 평행으로 달리며 가늘더라도 상관없다.

끊어진 부분에 사각 무늬가 있는 경우 (그림12)

끊어져 있는 시기에 병이나 그 밖의 돌발 사태를 당하겠지만, 구사일생으로 살아날 상이다.

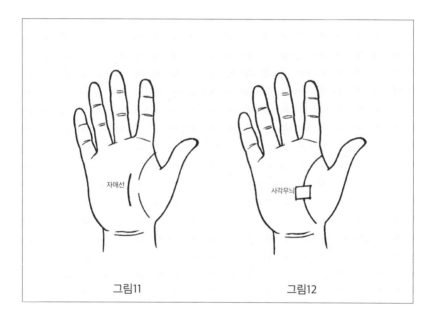

자매선

사각무늬

그림11   그림12

운명선에 이어져 있는 경우 (그림13)

운명선과 이어진 부분에서 운명의 변화가 찾아오고 몸에 이상이 온다. 그러나 생명의 위협이나 단명을 나타내는 것은 아니다.

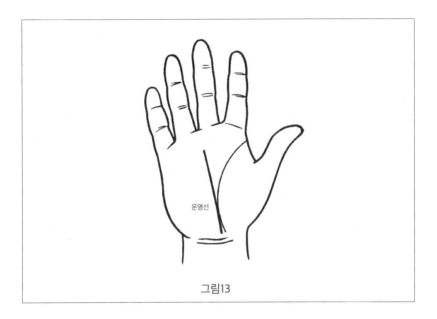

운명선

그림13

생명선이 고리를 이루거나 작은 선들이 겹쳐 있는 경우 (그림14)

의지가 약하고 쉽게 질리며 지속력이 없다. 체력과 활력도 부족하며
소화기 계통의 병에 걸리기 쉽다.

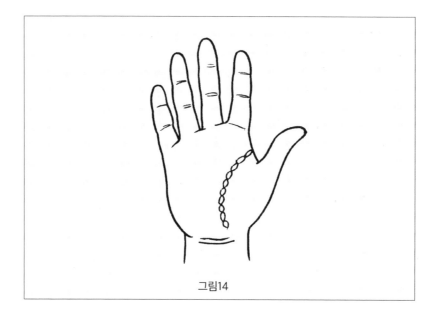

그림14

생명선에서 짧은 선들이 뻗쳐 올라간 경우 (그림15)

이 선들은 한두 개일 경우도 있고, 여러 개일 경우도 있다. 흔히 노력 선이라고 불리며 이익이나 성공, 연구 등에 늘 노력을 기울이는 상이 다. 설사 한 가닥이더라도 깊게, 뚜렷하게 패여 있는 것이 좋다.

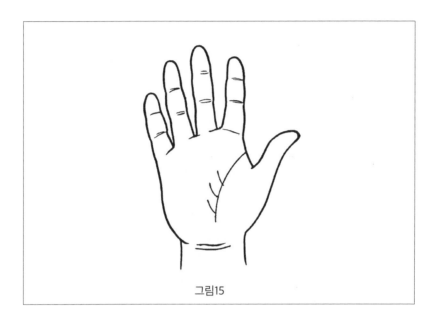

그림15

생명선이 월구까지 뻗어 있는 경우 (그림16)

금성구의 범위가 커지는 것과 같아서 건강면에서 뛰어나다고 말할 수 있다. 심장도 튼튼하고 장수할 타입으로, 금전운도 좋고 남에게 지기를 싫어한다. 때로는 태도나 행동이 오만해 보여서 남에게 반감을 사는 경우도 있으니 주의해야 한다. 정신적인 애정보다 육체적인 애정을 더 중요시한다.

일반적으로 생명선에서 뻗쳐나온 가지가 위를 향하고 있으면 좋다고 보고 아래를 향하고 있으면 나쁘다고 본다는 것도 참조할 것.

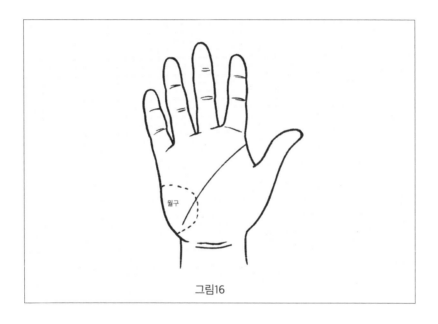

그림16

2. 두뇌선(頭腦線)

두뇌선은 손바닥의 한가운데를 비스듬히 가로지르고 있는 굵은선을 가리킨다. 생명선과 감정선의 중간에 위치하며, 3대선 중에서도 가장 중요한 선으로 인간성의 상징이라고도 표현한다. 그 사람의 재능이나 지적 능력, 직감력, 부모로부터의 유전 관계를 본다.

1) 두뇌선의 기점을 보는 방법 (그림참조)

생명선과 함께 시작되어 있는 경우 (가)

소극적인 면이 있고 신중한 성격이다. 사물에 대한 감각이 뛰어나고 미래를 예측하는 예감도 있지만 신중하게 생각하고 행동하는 타입이다.

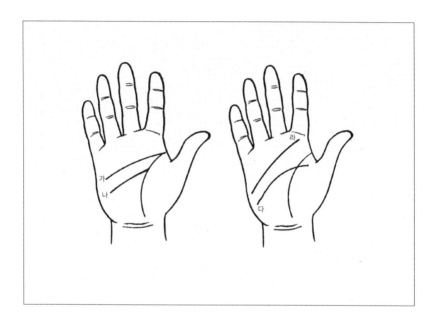

생명선의 중간 부분에 기점이 있는 경우 (나)

주의력이 깊고 상식이 많으며 계획적인 행동을 해서 감정 때문에 일을 그르치는 경우는 거의 없는 타입이다. 인간성도 좋고 마음도 약한 편이지만, 지나치게 이론적인 단점도 있다. 기점이 생명선의 아래쪽에서 시작될수록 소심하고 겁쟁이다.

생명선의 안쪽에 기점이 있는 경우 (다)

신경질적이고 소심한 성격에 쉽게 지치는 타입. 기점이 생명선의 안쪽으로 깊이 들어가 있을수록 어리석고 결단력이 없으며 남의 일에 간섭하기를 좋아한다.

기점이 생명선과 떨어져 있는 경우 (라)

적극성이 있고 감각도 날카로우며 결단력도 있지만, 자기 중심적인 면이 강하다.

2) 두뇌선의 길이를 보는 방법

두뇌선의 길이는 태양구의 중심에서 선을 곧장 내리 그었을 때, 그 선까지가 두뇌선의 표준길이다.

두뇌선이 긴 경우 (그림1)

지적인 활동이 활발하며 미각도 뛰어나다. 하지만 월구의 아래쪽이나 월구를 완전히 가로지를 정도로 극단적으로 긴 경우에는 편집적인 성격이 될 수 있으니 주의하는 것이 좋다.

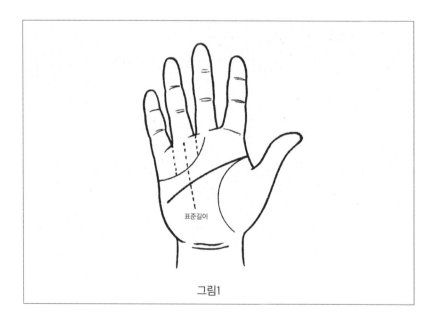

표준길이

그림1

두뇌선이 짧은 경우 (그림2)

두뇌회전이 둔하고 감각이 무딘 타입이다. 대부분 색맹과 같은, 눈의 결함이 있는 사람들이 이런 두뇌선을 가지고 있다. 또 극단적으로 짧은 경우에는 지적능력이 낮다고 보는데, 주의할 것은, 그 선의 굵기와 결함을 종합해서 판단해야 한다는 점이다.

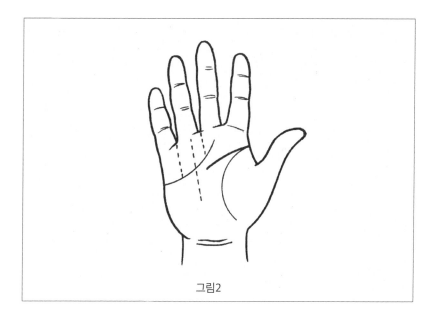

그림2

3) 두뇌선의 말미를 보는 방법

끝이 올라가 있는 경우 (그림3)

실질적이고 현실적이며 물질이나 금전에 민감한 반응을 보인다. 여성의 경우에는 말이나 행동에 기품이 없다. 또 손바닥 중간을 향해 뻗어 있는 경우에는 실행력이 강하고 확실한 것을 좋아한다. 그러나 로맨틱한 면이나 상대를 생각하는 인정이 부족하다.

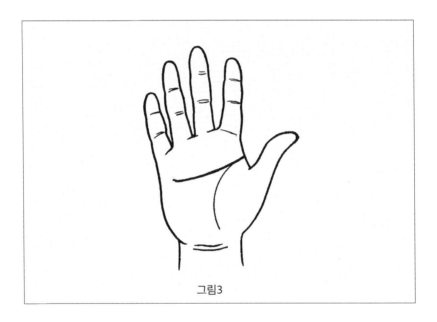

그림3

끝이 내려가 있는 경우 (그림4)

정신적인 로맨티스트. 여성은 꿈 같은 사랑을 쫓는 타입이다. 하강하는 경사가 크면 클수록 현실성이 결여되어 있다.

끝이 세 갈래로 되어 있는 경우 (그림5)

이런 경우에는 대부분 변덕이 심한 대신 섬세한 면을 가지고 있다.

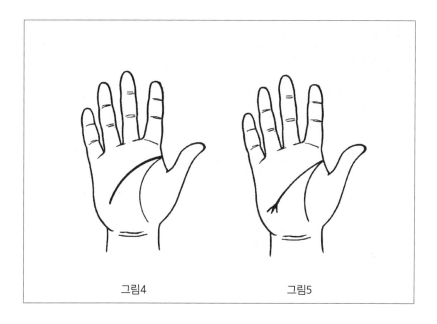

그림4   그림5

4) 이중두뇌선을 보는 방법

길게 평행을 이룬 이중두뇌선 (그림6)

두뇌가 명석하고 직감력도 뛰어나며 주의 깊고 결단력도 겸비한 사람. 사교적으로도 말솜씨가 뛰어나 매력적이다. 금전운도 좋지만, 이중인격자가 되지 않도록 조심해야 할 필요가 있다.

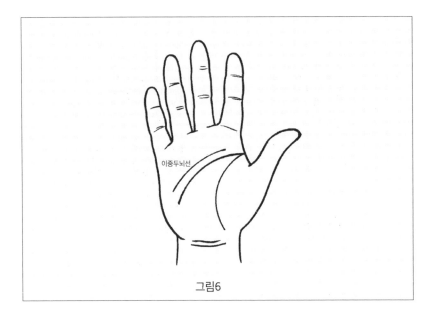

그림6

끝이 두 갈래로 갈라진 이중두뇌선 (그림7)

가지가 위쪽에서 뻗어 나왔느냐, 아래쪽에서 뻗어 나왔느냐에 따라 약간의 차이가 있지만, 감각도 뛰어나고 사교성도 있는 사람이다. 단, 결단력이 약한 것이 흠이다. 기점이 생명선과 떨어져 있는 경우에는 배짱도 있고 결단력도 있다.

한쪽 끝이 위를 향한 이중두뇌선 (그림8)

이런 경우 사업가의 손금으로 보며, 돈을 버는 재능이 뛰어나고 금전운도 풍부한 상이다.

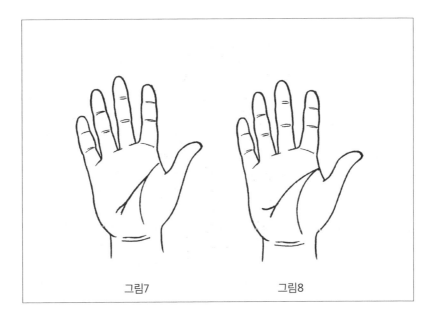

그림7   그림8

5) 막쥔 손금을 보는 방법

완전하게 손바닥을 가로지른 두뇌선 (그림9)

손바닥을 둘로 나누듯이 가로지른 두뇌선을 막쥔 손금이라고 한다. 이 손금의 특징은 두뇌회전이 뛰어나고 기회를 포착하는 재능도 우수하다. 금전적으로 운을 타고 났지만, 도가 지나치면 인간성을 상실할 우려가 있다. 여성은 기가 강해서 남성을 웃도는 능력을 발휘한다.

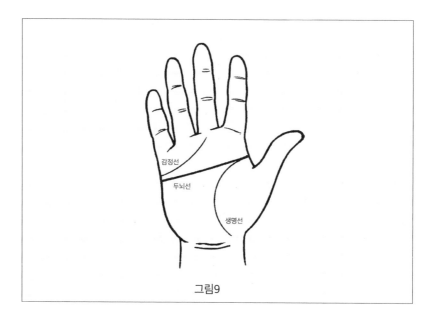

그림9

막쥔 손금이 고리를 이루고 있는 경우 (그림10)

물질적인 재능이 뛰어나고 욕망도 강하지만 신경질적이고 초조한 성격 때문에 그 재능을 충분히 발휘할 수 없다고 본다.

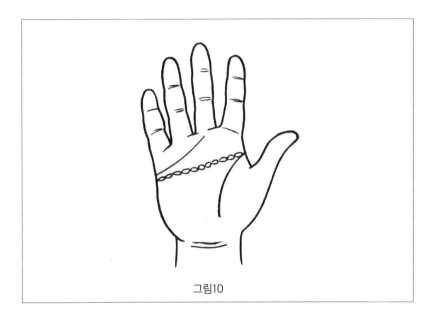

그림10

6) 두뇌선이 도중에 끊어져 있는 경우

두뇌선이 끊어져 있는 것은 어떤 경우이든 좋게 보지 않는다.

끊어진 부분이 겹쳐 있는 경우 (그림11)

감각이 둔하거나 신경질적이거나 갑작스럽게 흥분을 잘하는 성격. 감정 조절에 신경을 쓰는 것이 좋다.

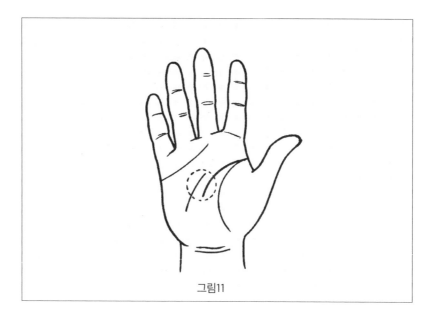

그림11

어진 부분이 몇 가닥을 이루고 있는 경우 (그림12)

집중력과 지속성이 결여되어 일을 제대로 마무리하지 못한다. 이런 상인데 두뇌선의 기점이 생명선의 아래쪽에서 시작되어 있는 경우에는 그것이 아래쪽으로 내려 갈수록 의지하는 마음이 강하고 겁쟁이이며 침울한 생활을 한다.

두뇌선이 거듭 끊어져 있는 경우 (그림13)

두뇌에 이상이 있다고 본다. 늘 머리가 아프거나 무겁거나 신경질적이고 겁쟁이다. 판단력이 뒤져서 실패를 초래하기 쉬우니 조심해야 한다.

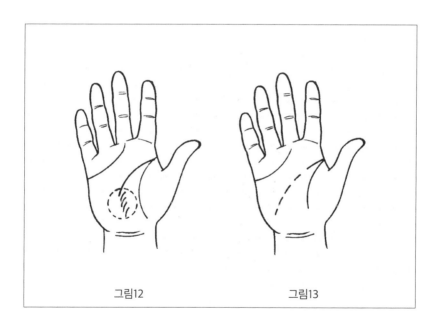

그림12   그림13

7) 두뇌선에 이상이나 변화가 있는 경우

가로선이 몇 개나 겹쳐 있는 경우 (그림14)

신경이 과민한 사람. 사회나 인생에 회의적이며 따지기 좋아하고 쉽게 화를 낸다.

끝에 평행선이 있는 경우에는 모든 사물을 안 좋은 방향으로 생각하거나 생각이 지나쳐 쉽게 지치는 타입이며, 위쪽에 평행선이 있는 경우에는 낙천적이라고 본다.

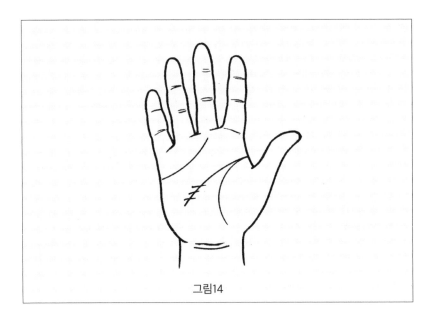

그림14

기점이 고리를 이루고 있는 경우 (그림15)

어린 시절에 몸이 약했다거나 응석둥이에 겁쟁이였다는 것을 의미한다.

끝이 손목을 향해 휘어 있는 경우 (그림16)

솔직함이 없고 변덕이 많은 성격으로 시기심이 많고 질투가 강하다.

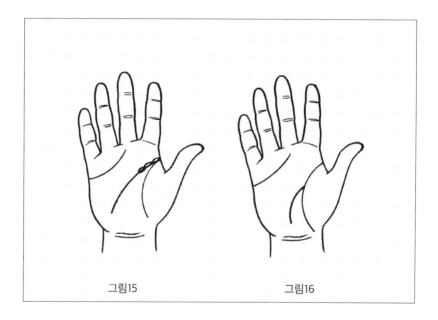

그림15   그림16

도중에 섬이 있는 경우 (그림17)

섬은 큰 것보다 작은 것일수록 나쁘다. 신경성의 병에 걸리기 쉽다고 판단한다.

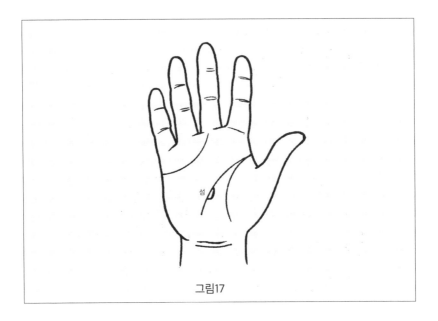

그림17

3. 감정선(感情線)

애정선이라고도 불리우며 감정과 애정의 깊이, 어머니로부터의 유전, 희노애락의 표현, 심장의 좋고 나쁜 상태를 본다. (그림1 참조)

그리고 결혼선과 함께 결혼운을 판단하는 경우도 있다. 상처가 없이 깊이 패여 있고 완만한 곡선을 이루고 있으며, 위쪽으로 뻗어 올라간 지선이 있는 것을 좋다고 본다.

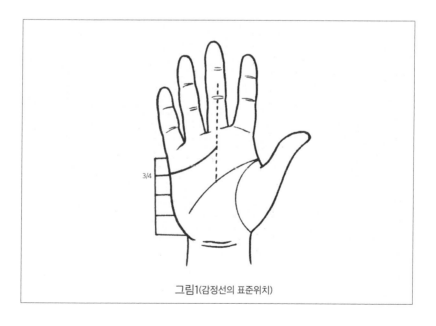

그림1(감정선의 표준위치)

1) 감정선의 기점을 보는 방법 (그림2 참조)

    표준보다 위쪽에 기점이 있는 경우에는 수성구의 범위가 좁다는 것을 뜻한다. 그 때문에 물질적인 면에 대한 생각이 좁아져 하찮은 돈에도 신경질적인 반응을 보이거나 모든 것을 물질과 결부시키는 경향이 강하다.

    한편 표준보다 아래쪽에 기점이 있는 경우에는 아래쪽에 위치할수록 수성구는 넓어지지만, 제2화성구는 좁아지는 꼴이 되어 인내력이 없고 반항적인 심리가 강하게 된다. 또 열심히 노력하는 것보다는 요령

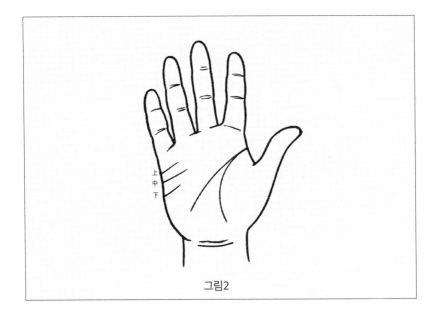

그림2

을 부리기 좋아하는 타입으로 실행력 부족에 의한 단점을 가지게 된다.

감정선의 위치에 따라 각 구의 범위가 달라지지만, 넓이만을 보고 판단하지 말고 두께와 혈색도 잘 관찰하는 것이 중요하다.

2) 감정선의 길이를 보는 방법 (그림3 참조)

　가운데 손가락의 중심에서 아래쪽으로 곧게 선을 그어 그곳까지가 감정선의 표준 길이다. 즉, 그 이상이면 길다고 보고 그 선에 미치지 못하면 짧다고 보는 것이다.

　표준보다 유난히 긴 경우에는 나쁜 의미는 없지만, 지나치게 애정이 많다는 것이 흠이다. 약간 긴 정도라면 따스한 애정을 가지고 있다고 보지만 지나치게 길면 독점욕이 강하고 질투심이 강하며 정에 이끌리기 쉽다고 판단한다. 한편 표준보다 유난히 짧은 경우에는 심장 계통의 병을 앓기 쉽다고 보며 애정이 부족하고 이기적이며 동정심이 적어서 진실한 친구를 얻기 어렵다.

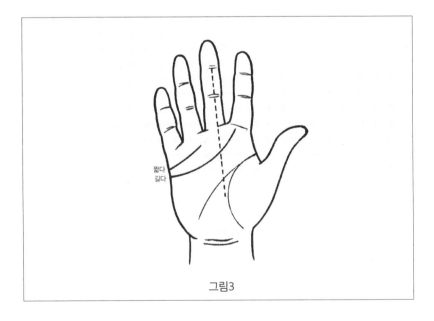

그림3

3) 감정선의 말미를 보는 방법

집게손가락과 가운데손가락의 중간에 위치한 경우 (그림4)
약간 긴 편, 애정이 깊어서 이성 뿐 아니라 모든 사람에게 동정심을
베푸는 성격이다.

목성구의 중앙까지 뻗어 있는 경우 (그림5)
매우 긴 편, 정이 많고 쉽게 이끌리며 남자인 경우는 여자 때문에, 여
자인 경우는 남자 때문에 많은 문제를 일으킬 상, 이성을 지나치게 믿
지 않도록 주의할 것.

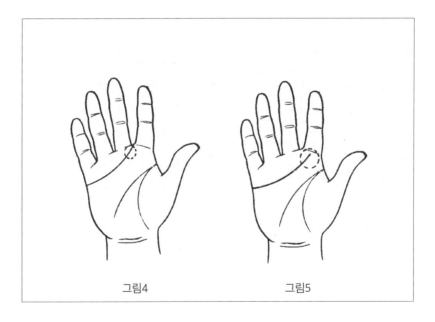

그림4   그림5

목성구를 가로지르는 경우 (그림6)

극단적으로 긴 편, 지나치게 애정이 깊고 독점욕과 질투심이 강해서 애정 문제로 문제를 일으키기 쉬우니 조심해야 한다.

목성구와 토성구의 중간에 위치하는 경우 (그림7)

약간 긴 편이지만 커브가 적으면 애정면에서 자제력이 있는 타입으로 이성에 대해 약간 소극적이다. 애정 표현이 서투르다.

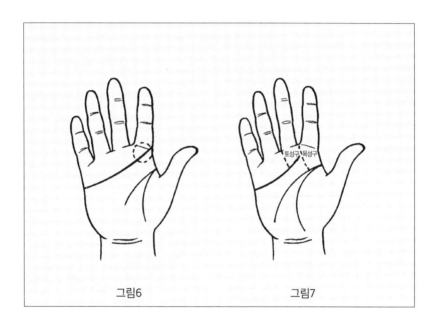

그림6   그림7

토성구의 중앙에서 끝나 있는 경우 (그림8)

지선이 하나도 없는 경우에는 자기 위주의 애정을 내세우는 사람. 이성 뿐 아니라 자식에게도 맹목적인 애정을 가진다. 이성에 대해서는 쉽게 뜨거워지고 쉽게 차가워지는 성격.

약손가락의 뿌리 부분에서 끝나 있는 경우 (그림9)

짧은 편. 애정이 부족하고 지나치게 현실적이어서 육체적인 사랑을 정신적인 사랑보다 훨씬 더 중시하는 타입.

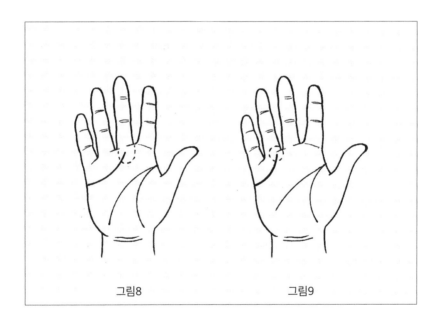

그림8   그림9

토성구 아래에서 급상승하고 있는 경우 (그림10)

경계성과 주의력이 부족해서 이성에게 속기 쉬운 타입.

토성구 아래에서 급강하고 있는 경우 (그림11)

무리한 애정을 추구하는 타입으로 불륜을 저질러 명예를 잃기 쉽다.

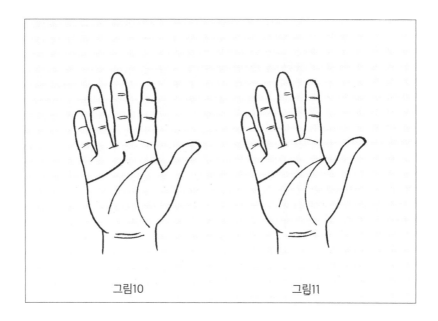

그림10   그림11

끝이 두뇌선과 이어져 있는 경우 (그림12)

막쥔 손금과 같은 뜻으로 보기도 하는데, 이성적이고 현실적인 면이 강해서 애정보다는 일을 더 중시하는 타입.

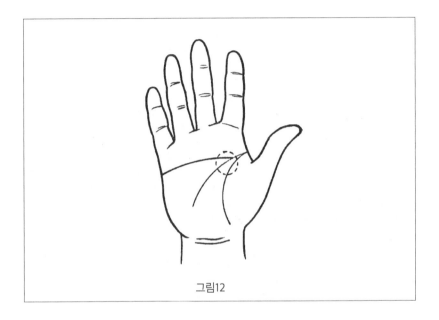

그림12

4) 감정선에 지선이 있는 경우

감정선의 지선은 이성으로부터의 인상이나 영향을 표현하며, 지선이 많을수록 감정의 굴곡이 심하다고 본다.

끝이 두 갈래이고 지선이 위를 향하고 있는 경우 (그림13)

본선이 길면 매우 좋은 상으로 평화롭고 행복한 애정생활을 보낼 수 있다.

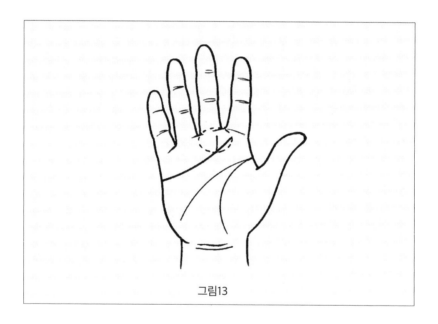

그림13

끝이 두 갈래이고 지선이 아래를 향하고 있는 경우 (그림14)

사랑을 쟁취하기 어려운 타입. 쉽게 뜨거워지고 쉽게 차가워지는 깊이 없는 사랑을 한다.

아래쪽으로 몇 가닥의 지선이 뻗어 있는 경우 (그림15)

실연을 되풀이할 상. 본선이 짧으면 자기 쪽에서 사랑을 찾아다니게 되고, 길면 상태의 정에 얽매여 실연을 하게 된다.

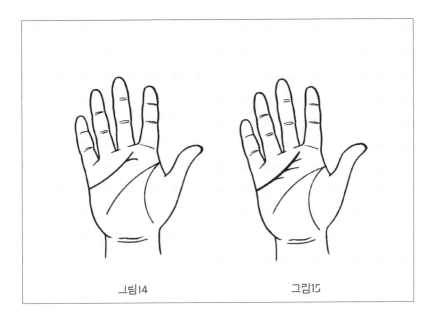

그림14   그림15

끝이 세 갈래로 갈라져 있는 경우 (그림16)

섬세한 마음에 사교적이며 귀여움을 받는 타입으로, 팔방미인인 점이 단점이다. 어쨌든 약간 제멋대로인 것이 흠이기는 하지만, 행복한 애정운을 타고난 사람이다.

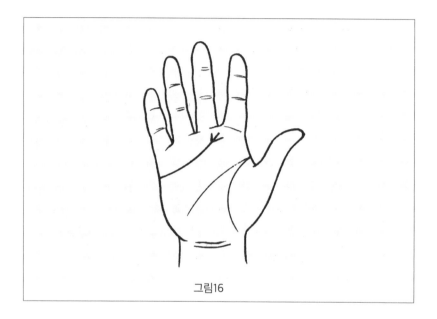

그림16

5) 감정선이 도중에 끊어져 있는 경우

감정선이 도중에 끊어지거나 고리를 이루고 있는 것은 풍부한 감정과 변덕을 나타낸다.

토성구 아래에서 끊어져 있는 경우 (그림17)

애정이 깊고 정열적이지만 변덕스러운 성격 때문에 파경을 맞기 쉽다.

태양구 아래에서 끊어져 있는 경우 (그림18)

지나치게 제멋대로인 성격이 재난을 부른다.

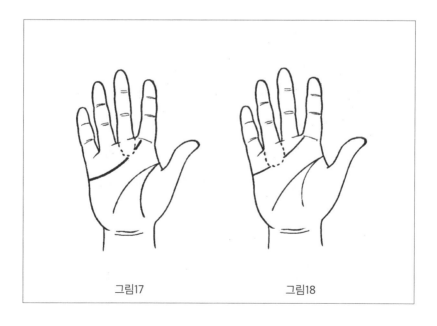

그림17   그림18

수성구 아래에서 끊어져 있는 경우 (그림19)

이기적인 성격과 지나친 물욕 때문에 애정이 깨지기 쉽다.

계속해서 끊어져 있는 경우 (그림20)

매우 급한 성격, 또 변덕이 매우 심해서 감정 표현이 극과 극을 달린다.

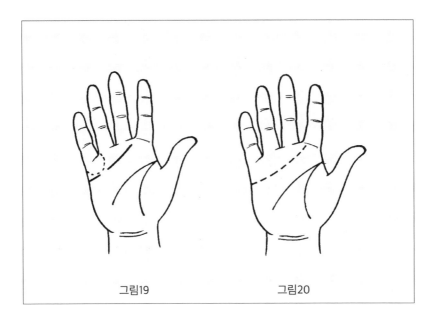

그림19   그림20

감정선에 섬이 있는 경우 (그림21)

감정의 기복이 심해서 즐겁게 지내다가 갑자기 우울한 모습을 보여 사람을 놀라게 만든다. 조울증과 같은 감정 변화 때문에 애정이 파경을 맞는 경우가 있다.

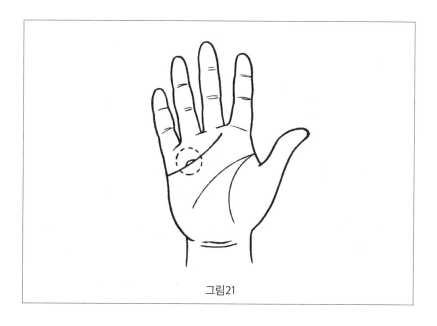

그림21

감정선이 고리를 이루고 있는 경우 (그림22)

변덕이 심하고 침착성이 없으며 고생을 할 상. 만약 생명선도 고리를 이루고 있을 경우에는 성격보다 건강을 더 중시해 보아야 하며, 특히 심장질환을 조심해야 한다.

이중감정선이 있는 경우 (그림23)

명랑한 성격에 인기도 좋지만, 팔방미인인 점이 오히려 사람들의 질투심을 유발하게 된다.

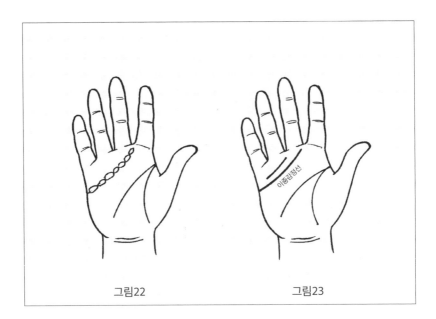

그림22   그림23

기점에 지선이 있는 경우 (그림24)

이 지선은 수성구에 나타나는 자식선과 함께 보는데, 자식이 몇 명인가를 판단하는 자료다. 전혀 없을 경우에는 자식운이 없다고 본다.

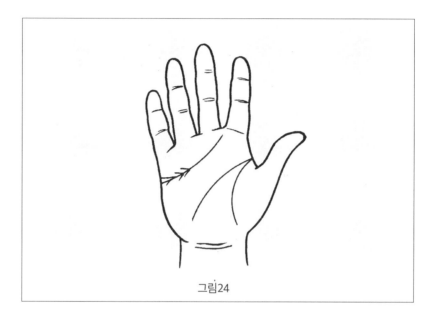

그림24

4. 운명선(運命線)

　어디서부터 출발했든 토성구, 즉 가운데손가락을 향해 뻗어 있는 것을 길상으로 보며, 다른 명칭으로는 "토성선"이라고 부르는 경우도 있다. 운세의 강약을 보는 선으로 표면적인 사회생활도 판단한다. 기점과 끝이 위치한 장소가 중요하다.

1) 운명선의 기점을 보는 방법

손목선 근처에 기점이 있는 경우 (그림1)

손목 근처의 손바닥을 이등분하는 중심 부분에서 출발한 경우에는 어린 시절부터 좋은 환경에서 자랐다고 본다. 그리고 이 선이 곧장 위를 향해 뻗어 있다면 흐트러짐이 없는 행복한 운세를 타고났다고 판단한다.

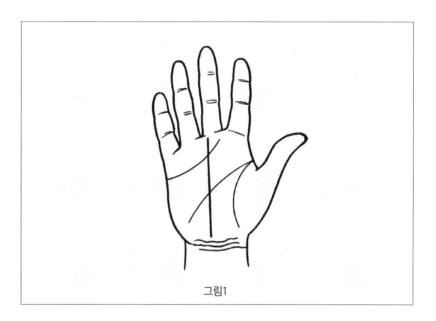

그림1

생명선 위에 기점이 있는 경우 (그림2)

인생에 있어서 여러 가지 시련을 딛고 일어서서 승리와 성공을 거머쥘 길상으로, 노력에 의해 운을 열어가는 타입이다. 이렇게까지 잘 발달한 운명선이 아니더라도 생명선에서 작은 노력선이 나와 있다면 자기의 노력과 의지력에 의해 운이 열릴 가능성이 크다. 큰 일을 보고 끊임없이 노력하는 것이 중요하다.

월구에 기점이 있는 경우 (그림3)

다른 사람에게서 인기나 도움을 받는 것에 의해 운이 열릴 상. 자기의 꿈이나 희망을 문장이나 시 같은 것으로 표현하거나 아이디어를 살리는 것에 의해 인기를 얻거나 도움을 받게 된다.

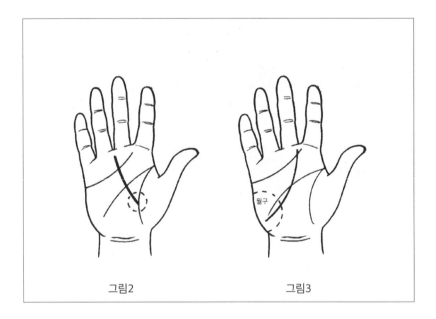

그림2   그림3

손바닥 가운데 근처에 기점이 있는 경우 (그림4)

초년에는 뜻한대로 이루어지지 않지만, 중년 이후에 운세가 열릴 상으로 두뇌선의 상태가 중요한 포인트로 작용한다.

감정선 위에 기점이 있는 경우 (그림5)

말년 운세가 좋은 상으로 뜻하지 않은 아이디어나 예감이 작용해서 기회를 붙잡게 된다.

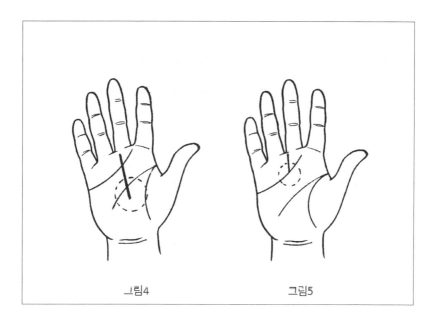

그림4   그림5

두뇌선 위에 기점이 있는 경우 (그림6)

자기의 재능이나 지혜를 살려 운을 열어갈 타입. 장사 수단도 있다.

생명선 안쪽에 기점이 있는 경우 (그림7)

비뚤어져 있지 않다면 자기의 노력과 친척의 도움으로 운이 열릴
타입.

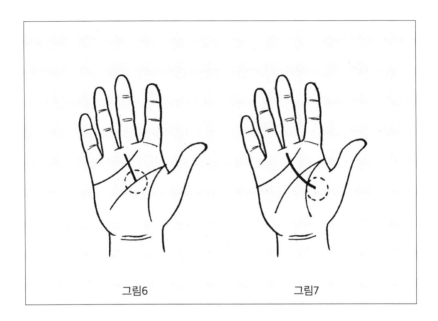

그림6   그림7

2) 운명선의 말미를 보는 방법

중간에 멈춰져 있는 경우 (그림8)

초년에는 모든 일이 순조롭게 진행되지만 중년부터 운세가 막혀 뜻한 바를 이루지 못할 상.

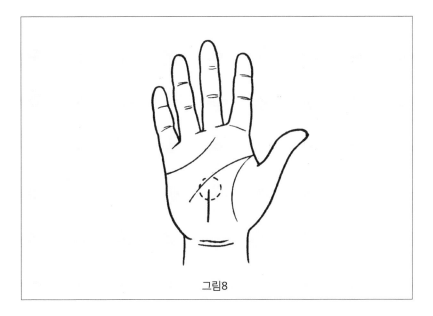

그림8

두뇌선이 멈춰져 있는 경우 (그림9)

이런 경우에는 두뇌선이 길더라도 판단을 하는 시점에서 반드시 다시 한 번 생각해 볼 필요가 있다. 이치를 따지기 좋아해서 주위 사람과 의견 대립을 일으켜 운세를 막는 장애 요인을 만들 수 있으니 조심할 것.

감정선에서 멈춰져 있는 경우 (그림10)

감정에 이끌려 운세를 그르치는 경우가 있다. 감정선, 결혼선이 좋지 않으면 마음에 들지 않는 사람이나 성격이 좋지 않은 사람과 결혼하게 된다.

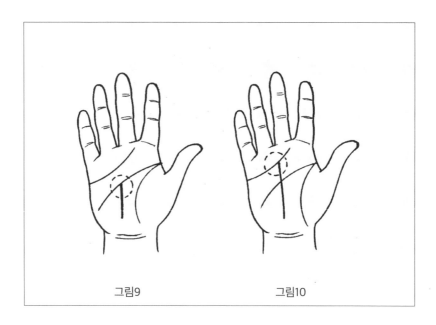

그림9   그림10

3) 운명선이 도중에 끊어져 있는 경우

도중에서 크게 끊어져 있는 경우 (그림11)

끊어져 있는 동안 만큼 운세에 진진이 없다고 본다. 끊어진 부분이 흐려 보이거나 비틀려 있는 경우에는, 그 부분에서 운명의 변화가 일어나 앞으로의 운세가 좋지 않다고 본다.

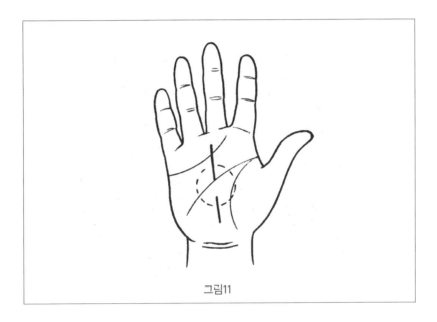

그림11

겹친 모습으로 끊어져 있는 경우 (그림12)

마찬가지로 끊어져 있는 부분에서 운세가 정지한다고 보지만, 겹쳐 있는 선이 뚜렷하면 더 좋은 운세를 얻게 된다.

점선처럼 끊어져 있는 경우 (그림13)

무슨 일에나 쉽게 질리며 한 가지 일이나 직장생활을 하기는 힘든 타입. 극단적으로 말하면 자신의 운명을 개척하기 위해 전혀 노력하지 않는 타입이다. 늘 노력하는 습관을 길러 운명을 개척하는 것이 중요하다.

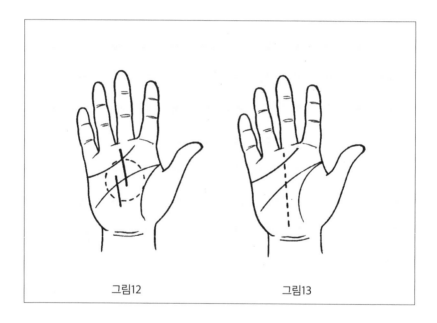

그림12   그림13

4) 운명선에 지선이 있는 경우

월구에서 뻗어 나온 지선이 있는 경우 (그림14)

매우 좋은 지선, 주위의 도움이 많다. 주거지도 안정되어 있고 여성은 좋은 남편을 맞게 될 운세. 다만 아래쪽이 두 갈래이거나 운명선의 기점이 두 갈래일 경우에는 상대의 마음의 변화에 주목해야 피해를 막을 수 있다.

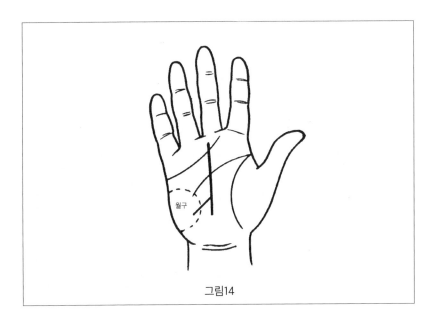

월구

그림14

도중에서 크게 갈라져 있는 경우 (그림15)

이중운명선의 한 종류로, 남자인 경우에는 직업이 바뀌는 등 운세가 변할 상. 여자인 경우에는 사회생활의 변화나 배우자가 바뀔 운세. 감정선과 결혼선도 함께 판단하는 것이 중요하다.

구(丘)를 향해 뻗쳐오른 지선이 있는 경우 (그림16)

① 목성구를 향하고 있으면 노력에 의해 바라는 것을 얻을 수 있는 길상.

② 토성구를 향하고 있으면 예술 계통이나 사업에서 성공을 거둘 길상.

③ 수성구를 향하고 있으면 상업적 재능이나 과학성이 풍부해 재산을 모을 수 있는 길상.

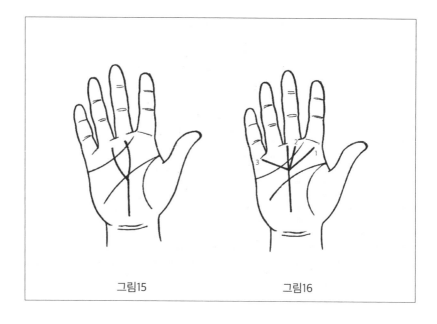

그림15   그림16

전체적으로 구부러져 있는 경우 (그림17)

별로 좋지 않은 모습. 선의 모습과 마찬가지로 기나긴 인생을 어렵게 헤쳐나가야 하는 운세로, 불안정한 생각과 일에 대한 불성실함을 표현한다.

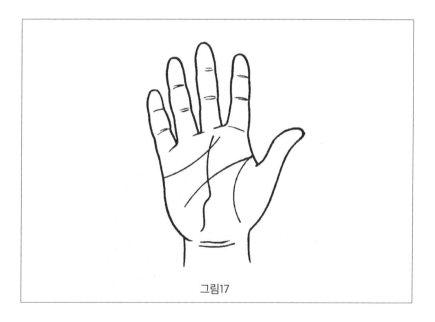

그림17

선 위에 섬이 있는 경우 (그림18)

①의 위치에 있는 경우에는 이성 문제로 운세를 그르치기 쉽다.

②의 위치에 있는 경우에는 잘못된 판단과 그릇된 예상으로 재물을 잃기 쉽다.

선 위에 무늬가 있는 경우 (그림19)

① 끝이 X자로 끊어져 있는 경우에는 뜻하지 않은 재난을 당할 우려가 있다.

② 선 위에 사각형 무늬가 있는 경우에는 구사일생으로 위협에서 벗어날 운세이다.

③ 사마귀나 검은 점이 있는 경우에는 범죄나 재난, 사업의 실패를 경험할 우려가 있다.

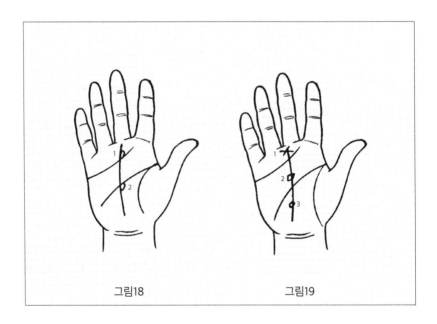

그림18   그림19

5. 태양선(太陽線)

어디서부터 출발했던 태양구를 향해 뻗어 있으면, 그 선을 태양선으로 본다. 태양선은 운명선과 함께 본다. 다른 말로 성공선이라고도 부르며 행복, 번영, 성공 여부, 인내력, 지위와 인기나 재능, 그리고 넓은 의미에서는 재산운도 본다. 또 태양선은 길수록 길상으로 본다. 그리고 짧아도 선이 뚜렷하면 길상으로 본다.

운명선이 뚜렷하고 매우 길상이라 해도 태양선이 전혀 없으면 늘 고독하고 공허한 마음에 휩싸여 지내기 쉽다. 태양선과 운명선이 모두 좋으면 젊은 시절부터 모든 일이 순조롭게 풀려 행복한 인생을 보낼 수 있다.

1) 태양선의 기점을 보는 방법

손바닥 중앙에서 뻗어 있는 경우 (그림1)

초년에는 불안과 불만 속에서 생활하며 사교성도 뒤떨어져 불행을 느끼지만 중년, 빠르면 35세 전후부터 활기도 얻고 인기도 얻어 운이 열리면서 인생의 즐거움을 맛보게 된다. 물론 운명선이 좋은 경우다.

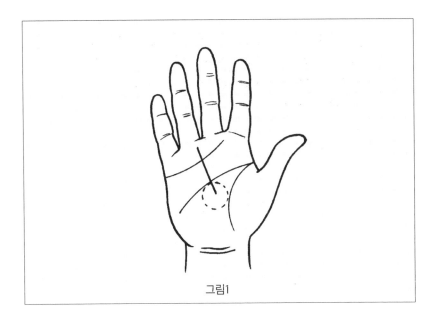

그림1

월구에 기점이 있는 경우 (그림2)

창조력 또는 공상이나 꿈을 활용하여 운세를 열 기회를 붙잡는다. 또 다른 사람의 도움으로 성공하는 상의 하나다. 예능 방면의 직업이 어울리는데, 만약 이 선이 구부러져 있거나 뚜렷하지 않거나 끊어져 있는 경우에는 기대한 만큼의 인기를 얻지 못해 목적을 달성하지 못하고 좌절하는 경우가 있다.

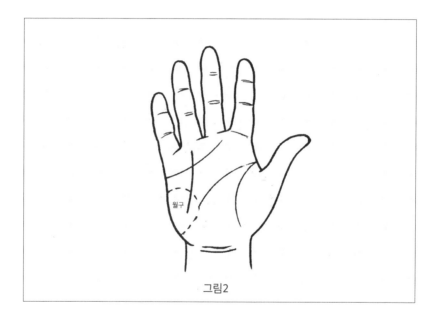

그림2

제2화성구에 기점이 있는 경우 (그림3)

인내력과 자제력이 뛰어나며 다른 사람을 따라 행동하는 것으로 성공을 하게 될 상이다. 또 적은 자본으로 효과를 거둘 수 있는 직업에 관심을 가지며 반드시 성공을 거두는 타입이다.

새끼손가락과 수성구가 발달되어 있다면 작은 음식점을 경영하는 것도 좋고 기술을 구사하는 직업도 좋다.

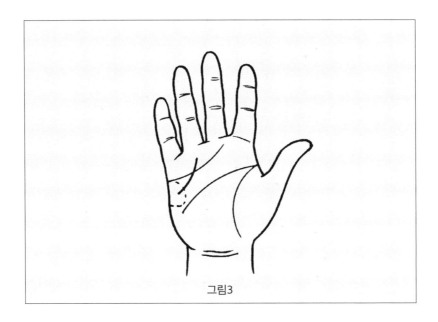

그림3

두뇌선에 기점이 있을 경우 (그림4)

두뇌회전이 좋고 감각도 날카롭다. 즉, 기회를 붙잡는 민첩성이 있고 사교성을 활용하여 성공하게 될 상이다. 만약 새끼손가락이 길고 두뇌 선도 잘 발달되어 있으며 손이 작은 등 여러 가지 조건을 갖추고 있으면 상당한 수완가라고 말할 수 있다.

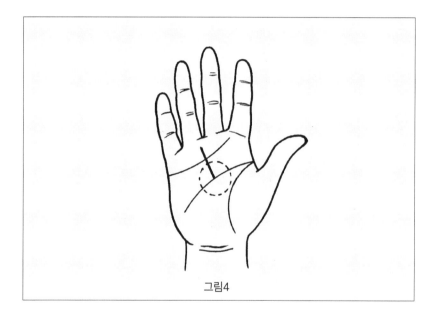

그림4

감정선에 기점이 있는 경우 (그림5)

젊은 시절에는 자기의 능력이나 재능을 충분히 발휘하기 어렵지만 중년 이후에 운세가 바뀌어 행복해질 상이다. 이른바 말년 운세가 좋은 상이라고 말할 수 있다. 이 선이 뚜렷하고 힘차게 뻗어 있으면 말년으로 갈수록 운세가 열린다.

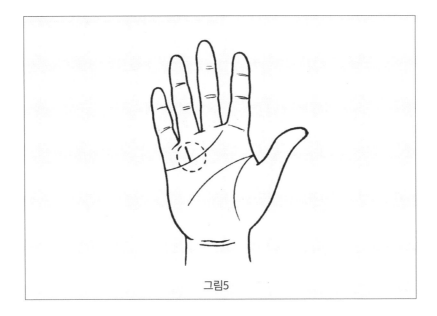

그림5

생명선에 기점이 있는 경우 (그림6)

의지력이 강하고 남모르는 인내와 노력에 의해 예술 방면이나 문학 방면에서 성공을 거둘 상이다. 이 선이 조금이라도 생명선 안쪽에서 출발했다면 친척의 도움으로 더 일찍 성공을 하게 된다.

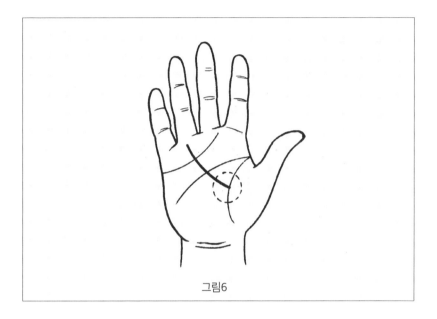

그림6

운명선에 기점이 있는 경우 (그림7)

주위나 집안의 뜻과는 관계없이 독자적으로 자기의 앞길을 개척해 나가는 타입. 만약 선이 뚜렷하면 운세도 강하고 노력한 만큼 결실을 맺게 된다. 때로는 본업 이외의 일에서 재능을 발휘해 행운을 얻는 경우도 있다. 다만 선이 구부러져 있거나 끊어져 있는 경우에는 운세가 그만큼 약해진다.

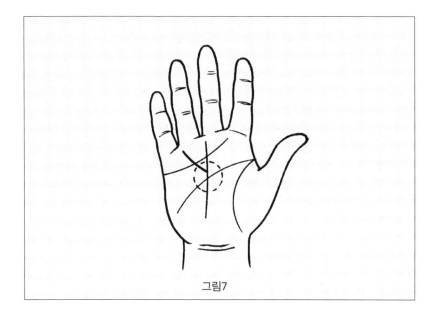

그림7

2) 태양선의 지선과 그 밖의 이상을 보는 방법

끝이 세 갈래로 갈라져 있는 경우 (그림8)

태양선의 끝에서 두 가닥의 지선이 나와 포크처럼 세 갈래로 갈라져 있는 경우를 말한다. 이런 사람은 매우 명랑한 성격이며, 모든 사람을 성의를 가지고 대하기 때문에 모든 사람에게 호감을 사서 직장에서도 귀염둥이로 존재한다. 물론 가정에서도 좋은 아버지나 어머니로서 원만한 집안을 꾸려나갈 수 있다.

많은 사람들의 신용에 의해 운을 열 기회를 붙잡게 된다.

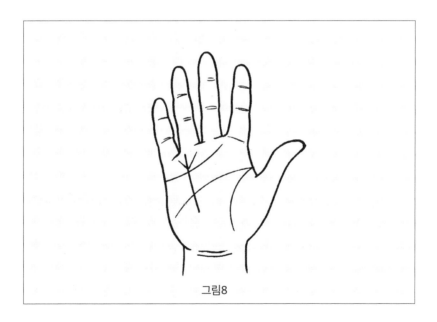

그림8

아래쪽에서 올라온 지선이 합류해 있는 경우 (그림9)

그림처럼 태양선 자체가 뚜렷하게 패여 있다면 성공할 확률이 높은 편이다. 그런데 월구쪽에서 올라온 지선이 태양선과 합류해 있다면 자기에게 도움을 줄 협력자가 이미 있거나 앞으로 나타날 운세. 단, 이 지선이 태양선과 떨어져 아래쪽으로 향하고 있다면 오히려 태양선에 악영향을 미치게 된다.

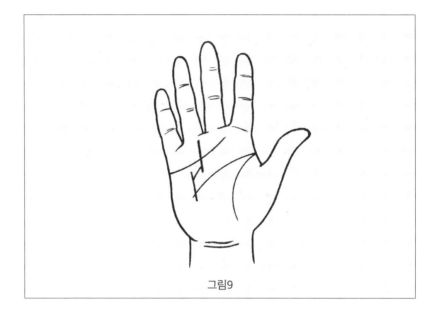

그림9

금성구에서의 지선이 합류해 있는 경우 (그림10)

지선의 기점이 생명선의 안쪽(금성구)에 있고 그 끝이 태양선과 합류해 있을 때는 예술이나 문학적 재능이 있으며, 그 재능을 살려 성공하기 위해서는 정신적으로나 물리적으로나 여러 사람의 도움을 받게 되는 경우가 많다. 만약 이 지선이 뚜렷하게 패여 있는 경우에는 유산을 상속받게 된다.

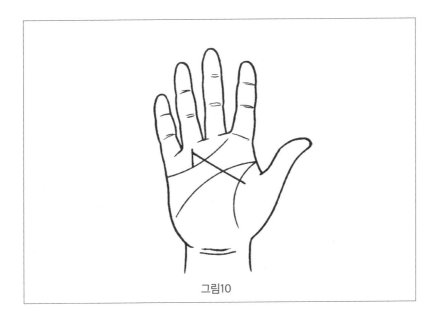

그림10

희미한 태양선이 몇 개나 보이는 경우 (그림11)

가늘고 희미한 태양선이 몇 개나 나타나 있는 경우에는 명랑하고 사교성도 뛰어나지만, 왠지 모르게 신념이 없거나 개성이 없는 팔방미인이 되기 쉽다. 그렇기 때문에 일을 해도 끈기가 부족해서 사업에 실패하는 일이 많다. 만약 두뇌선의 끝이 위쪽으로 뻗어 있거나 수성구까지 뻗어 있다면 여러 사람을 상대하는 장사가 어울린다.

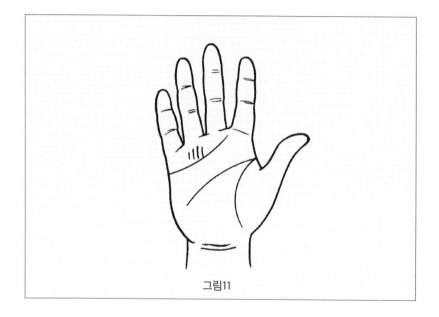

그림11

선 위에 섬이 있는 경우 (그림12)

태양선의 섬도 위치가 어디이든 좋다고 볼 수 없다. 사교적인 면에서도 쓸데없는 것 때문에 다른 사람의 비난을 사거나 고민을 하게 되고, 인기나 지위, 명예 등에서도 문제가 발생하여 손해를 보게 되는 경우가 많다.

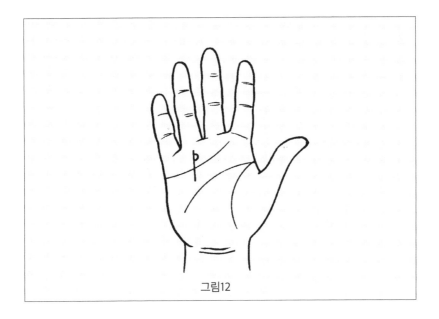

그림12

태양선이 끊어져 있는 경우 (그림13)

태양선이 끊어져 있으면 한 시기 동안 큰 시련을 겪게 될 운이다. 운명선이 끊어진 것보다는 덜하지만, 재산을 잃게 될 상으로 본다. 만약 운명선에도 끊어진 곳이 있다면 초조해하지 말고 꾸준히 노력해서 난관을 극복해 나가는 것이 좋다. 노력에 의해 손금은 변할 수 있다.

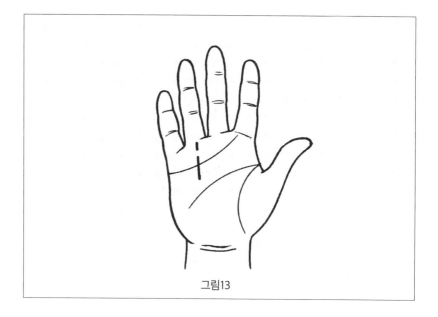

그림13

끝에 별 같은 무늬가 있는 경우 (그림14)

매우 좋은 상. 재능과 개성을 충분히 살려 성공할 상으로 행복을 약속 받았다고 말할 수 있다.

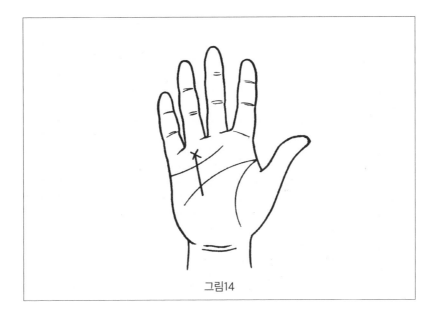

그림14

6. 결혼선(結婚線)

새끼손가락의 수성구에 나타나는 가로선을 결혼선(그림1 참조)이라고 한다.

이 선은 법률상의 결혼만을 의미하는 것이 아니다. 이성친구는 물론 첩이나 애인 같은 동거자까지 모두 판별하는 것이다. 그렇기 때문에 결혼선이 3개면 3번 결혼한다는 식으로 해석해서는 안 된다. 잘못 판단하지 않도록 이 점을 특히 주의해야 한다.

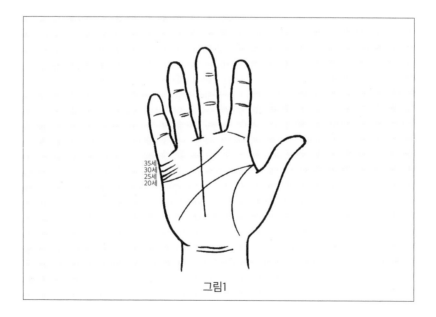

그림1

결혼선이 2개 이상일 경우에는, 그 중에서 가장 길거나 뚜렷한 선을 중점적으로 본다. 4개 이상일 경우에는 정열적인 사랑으로 이성은 물론 동성 간의 교제도 활발하다고 본다. 또 젊은 사람일 경우에는 조숙하고 변덕쟁이인 경우가 많다.

몇 가닥이나 있는 결혼선이 모두 뚜렷하지 않을 경우에는 늦게 결혼하는 일이 많고 감정선과 가까울수록 일찍 결혼하게 된다고 본다.

1) 결혼선을 보는 방법

끝이 약간 내려가 있는 경우 (그림2)

결혼한 뒤에 부부 사이가 원만하지 않다고 본다. 자주 싸움을 하거나 감정적인 대립을 하거나 상대의 단점만 파헤치게 되어 애정에 권태가 오기 쉽다. 결혼할 당시의 신선한 마음과 애정을 되살리려고 노력하는 것이 중요하다. 그리고 결혼선이 끊어져 있지 않다면 어차피 평생을 함께 살 반려자니까 서로가 노력해야 하는 것이다. 상대의 입장을 생각해 보면 쉽게 이해할 수 있으니 서로 도닥거리며 살아갈 것.

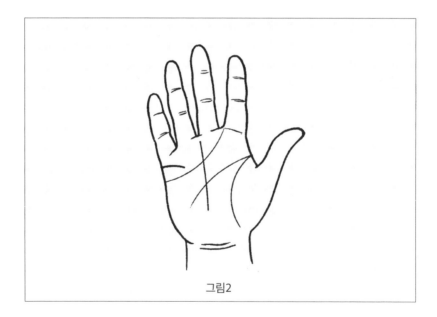

그림2

끝이 길게 내려가 있는 경우 (그림3)

약손가락과 새끼손가락 사이에서 커브를 그리며 감정선과 이어져 있을 때, 또는 밑으로 내려간 결혼선이 생명선이나 월구에서 뻗어나온 선과 연결되어 있는 경우를 말한다.

이런 결혼선은 부부 사이의 위기와 적신호를 나타낸다. 감정선이 끊어져 있거나 섬이 있거나 짧거나 하는 결함이 있으면, 감정이 끊어져 있거나 두 갈래로 갈라져 있을 경우에는 사별도 생각해 볼 수 있다.

어떤 경우이든 부부가 서로를 이해하며 노력해야 할 필요가 있다. 설사 헤어진다 해도 더 좋은 인연을 만나기는 어려우니까 현실에서 행복을 찾는 게 중요하다.

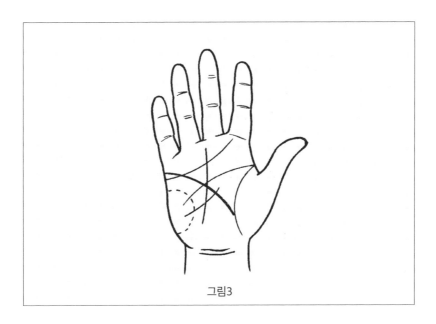

그림3

위쪽으로 구부러져 있는 경우 (그림4)

만약 당신이 평생을 독신으로 살겠다고 마음먹는다면 결혼선은 위쪽으로 구부러져 올라갈 것이다. 일반적으로 위쪽으로 구부러진 결혼선은 독신생활이나 그와 비슷한 생활(성생활)을 의미한다.

예를 들면 기혼자의 결혼선이 위쪽을 향하고 있을 경우, 아내의 몸이 약해서 성생활은 물론이고 집안일까지 돌보아야 하든가 여러 가지 사정 때문에 별거 생활을 하게 된다고 보는 것이다. 물론 결혼선이 위쪽으로 향해 있다는 것만으로 독신생활을 한다거나 결혼하기 어렵다고 판단을 내리는 것은 아니다. 애정과 관계된 선(감정선이나 금성대 같은)을 함께 보고 종합적인 판단을 내려야 한다.

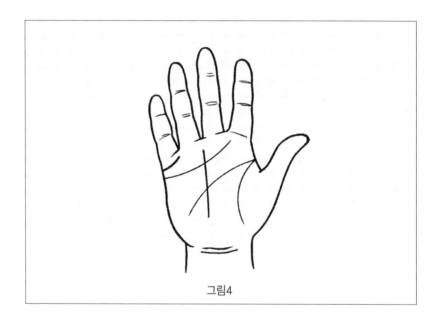

그림4

끝이 갈라져 있는 경우 (그림5)

결혼하고 몇 년 동안은 즐거운 생활을 보내지만, 두 사람 사이에 점점 갈등이 생겨 결국 멀어지게 된다는 것을 의미한다.

지선은 애정의 분리를 나타내는 것으로 그 원인은 자신의 에고이즘과도 관계가 있겠지만, 대부분 상대의 결함 때문에 발생한다. 두 갈래의 간격이 넓을수록 불화의 크기도 크다고 본다. 어차피 서로 다른 사람끼리 만나서 사는 것이 부부인만큼 오래 살다보면 모든 장단점을 알게 되는 것이다. 상대의 결점이 보이더라도 눈감아 줄 수 있는 아량이 부부생활을 원만히 지속해 나가는 비결이다.

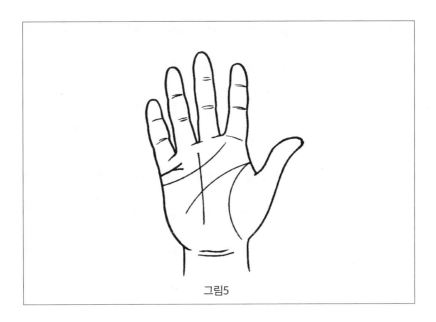

그림5

결혼선이 도중에 끊어져 있는 경우 (그림6)

끊어진 상태에 따라 다소의 차이가 있지만, 일반적으로 부부사이의 애정의 중단이나 애정없는 부부생활을 의미한다. 때로는 원하지도 않는 결론을 내렸다가 그 때문에 고민을 하는 경우도 있다. 또 부부 사이의 이별을 의미하기도 한다. 그러나 매우 가는 선으로라도 이어져 있을 경우에는 위기를 넘길 수 있다고 본다.

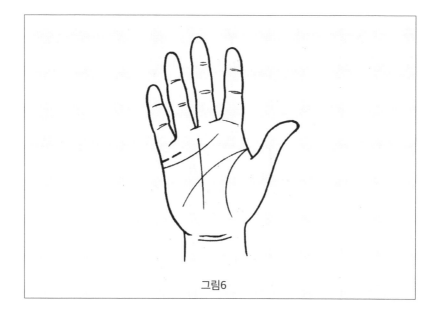

그림6

결혼선에 섬이 있는 경우 (그림7)

결혼선의 섬도 좋지 않은 의미로 본다. 부부 사이가 겉으로는 원만해 보이지만 내면적으로는 불만과 불신에 싸여 있다고 말할 수 있다. 때로는 삼각 관계까지 일어나 감정 대립에 의해 부부사이에 금이 갈 수도 있다.

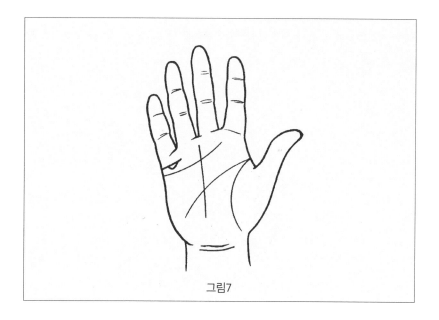

그림7

137

끝이 세 갈래로 갈라져 있는 경우 (그림8)

자기 자신의 변덕스럽고 다정한 면이 원인이 되어 부부 사이의 애정뿐 아니라 다른 이성과의 관계도 원만하게 해결되지 않을 상이다. 늘 양손의 토끼를 쫓아다니는 성격이 원인이니까 성실한 마음을 기르는 데 힘을 써야 한다.

대인 관계에서는 정이 많은 성격이 사교성과 연결될 수 있지만, 그것이 이성과의 관계에서 남발되면 그다지 좋다고 볼 수 없다. 이런 사람은 유흥과 진심의 구별을 익히는 것이 무엇보다 중요하다.

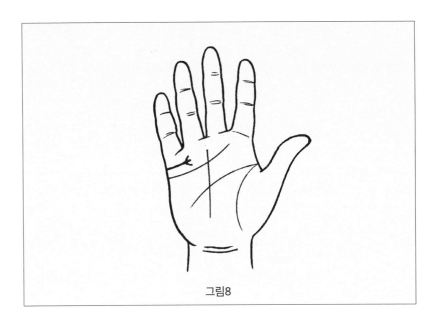

그림8

지선이 여러 개 나와 있는 경우 (그림9)

결혼선에서 아래쪽으로 뻗어 나온 작은 지선이 여러 개 있는 경우에는 부부생활의 불행을 의미한다. 대부분은 배우자의 몸이 약한 것이 원인이다. 상대의 건강에 신경을 쓰는 것도 중요한 일이지만, 정신적인 교감을 중시해서 불행을 행복으로 바꾸고자 하는 노력도 중요하다.

하지만 결혼선에서 뻗어 나온 여러 개의 작은 지선이 위쪽을 향하고 있는 경우에는 그 반대다. 즉, 길상으로 보는 것이다. 육체적으로도 정신적으로도 만족스러운 부부 관계를 유지하는 커플이다. 부부는 서로 마음이 맞아야 하는데, 그런 점에서 알맞은 배우자를 만날 상으로 보는 것이다.

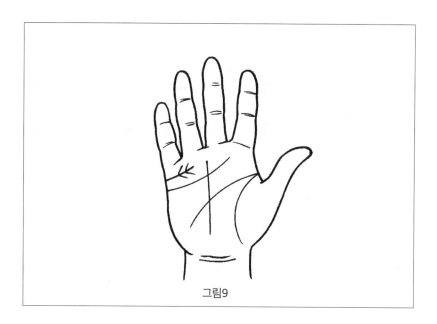

그림9

결혼선이 태양선과 닿아 있는 경우 (그림10)

매우 행복한 결혼생활을 보장받는 상이다. 결혼 상대는 주위에서 존경을 받는 사람일 것이다. 지위, 명예, 부를 소유하고 있는 사람과 결혼하여 행복한 부부생활과 원만한 가정을 꾸려 나갈 것이다. 여성이 이런 상이라면 좋은 가문으로 시집가게 될 것이고, 남자가 이런 상이라면 지적이고 미를 간직한 아내를 얻게 될 것이다. 하루하루를 즐거움에 찬 생활을 보내게 될 좋은 상이다.

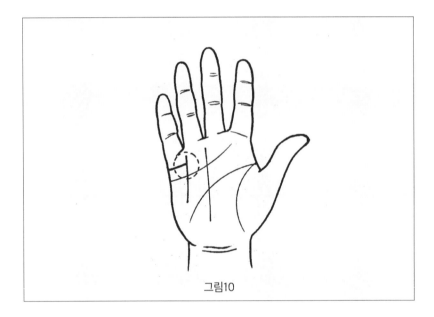

그림10

7. 금성대(金星帶)

집게손가락과 가운데손가락의 중간 부분에서 약손가락과 새끼손가락의 중간 부분에 걸쳐 활 모양으로 나타나 있는 선을 금성대(그림 1 참조)라고 한다. 다른 이름으로 애정선이라고도 부르며, 감정선의 자매선으로 본다. 만약 이 금성대가 있고 적당히 균형을 유지한 금성구와 좋은 감정선이 있으면 부드러운 마음과 동정심이 깊고 풍부하고 아름다운 애정을 가진 사람이라고 본다. 또한 상식과 도덕성도 충분히 갖추고 있다고 말할 수 있을 것이다.

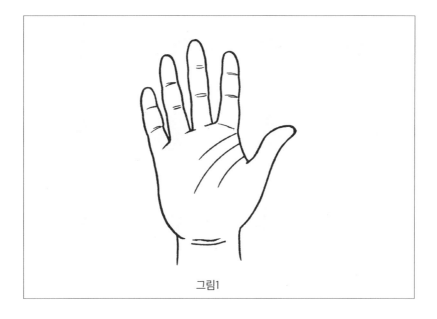

그림1

1) 금성대를 보는 방법

점선처럼 끊어져 있는 경우 (그림2)

금성대가 점선처럼 이어져 활 모양으로 이루고 있는 경우에는 감수성은 강하지만 때로 신경과민으로 보이는 경향도 있다. 만약 감정선이 유난히 길어서 두뇌선과의 균형이 맞지 않는 경우에는 신경질적인 성격으로 볼 수 있다. 대부분 금성대가 없는 사람보다는 기분파이며, 감정의 지배를 받기 쉽다. 그러나 이성에게 자기의 감정을 표현하는 일에는 뛰어나다.

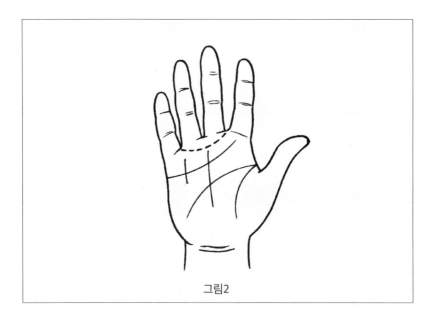

그림2

중간이 끊어져 있는 경우 (그림3)

금성대로서 많이 볼 수 있는 상이다. 금성대가 없는 사람보다 감수성이 뛰어난 것은 당연하지만, 그 밖의 가족이나 사적인 교제 상대, 직장동료와의 만남에도 유난히 관심을 가지는 타입이다. 만약 감정선이 긴 편이라면 질투가 심해서 그 때문에 고민을 하게 된다. 인정도 있고 상식도 갖춘 사람이지만 감정의 기복이 심한 것이 흠이라고 말할 수 있다.

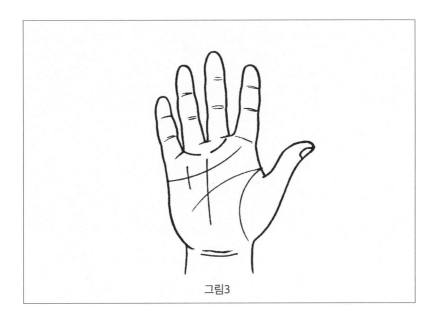

그림3

짧은 선이 하나만 나타나 있는 경우 (그림4)

이런 경우에는 자기 중심적인 감수성을 지닌 사람이라고 말할 수 있다. 즉, 자기와 관계된 일에는 매우 민감하지만, 주위 사람들의 일에는 거의 관심을 보이지 않는 사람이다.

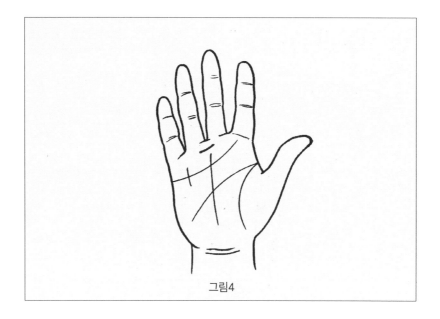

그림4

감정선에 닿아 있는 경우 (그림5)

정에 이끌리기 쉬운 상이다. 만약 감정선의 커브가 심하고 두뇌선이 월구까지 뻗어 있다면 상당한 로맨티스트여서 텔레비전의 멜로 드라마나 연애소설을 보고 눈물을 흘리며 감동하는 타입이다. 또 감정선만이 유난히 긴 경우에는 신경질적인 면이 강하다고 본다.

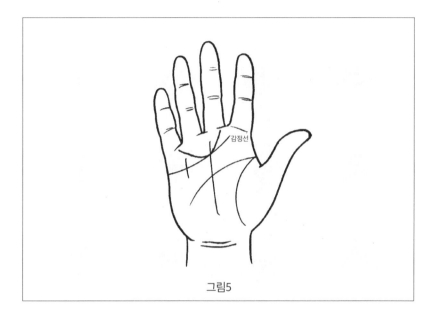

그림5

금성대가 여러 개 있는 경우 (그림6)

수가 많을수록 금성대가 가진 의미가 커지는 것은 당연하다. 애정에 관한 문제에 민감하며 감도도 강하다고 본다. 그 때문에 정상적인 관념에서 벗어난 왜곡된 애정을 경험하기도 한다. 만약 가운데손가락이 새끼손가락쪽으로 많이 구부러져 있다면 배우자나 가족에 대한 애정이 극단적으로 치우쳐 결과적으로는 배우자나 가족에게 나쁜 영향을 미칠 수 있다.

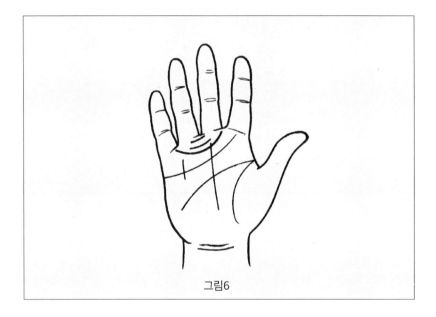

그림6

금성대에 섬이 있는 경우 (그림7)

다른 경우에는 대부분 나쁘다고 보지만 금성대의 경우에는 그다지 나쁘다고 보지 않는다. 우선 정열가라고 말할 수 있다. 애정이나 감정에 지배 당하기 쉬운 면은 있지만, 두뇌선이 뚜렷하다면 그 뜨거운 정열을 적당히 컨트롤할 수 있다. 그리고 정열을 표현하는 직업, 즉 영화배우나 탤런트가 어울린다.

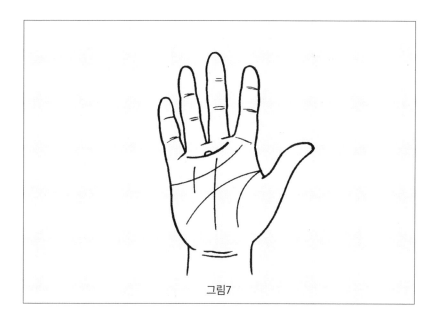

그림7

8. 건강선(健康線)

새끼손가락 아래의 감정선으로부터 손바닥을 비스듬히 가로지르며 손목쪽으로 뻗어 있는 선이 건강선이다. (그림1 참조)

이 선은 없는 것이 좋다. 왜냐하면 이 선은 주로 건강과 병을 살펴보는 것이기는 하지만 다른 말로 노력선이라고도 부르는데, 노력을 하면 할수록 이 선이 발생하여 깊게 패이게 되며, 그 노력은 결국 건강을 해치는 원인이 되기 때문이다.

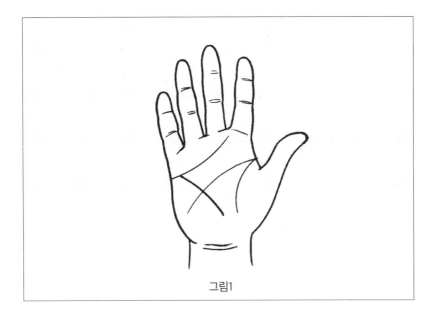

그림1

1) 건강선을 보는 방법

손바닥 중간에 짧게 보이는 경우 (그림2)

손바닥 중간에 짧은 건강선이 있고 그 주위의 색이 나쁜 경우에는 소화기 계통이 그다지 좋지 않다고 본다. 그런 상태에서 생명선의 중간쯤에 섬이 있다면 소화기 계통의 병이 만성화될 우려가 있다. 빨리 치료하는 것이 걱정을 해소할 수 있는 길이다.

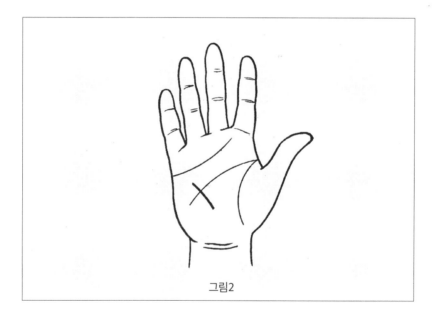

그림2

선 위에 섬이 있는 경우 (그림3)

감정선 근처의 건강선에 섬이 있을 경우에는 폐, 늑막, 기관지, 인후 계통이 병에 걸리기 쉽고, 한번 걸리면 좀처럼 낫지 않는다. 만약 손톱에 세로주름이 나타나면 주의하는 것이 좋다.

또 중앙의 두뇌선과 교차해 있는 부분에 섬이 있을 때는 신경계통의 병에 조심해야 한다. 그러나 두뇌선이 깊고 힘 있게 패여 있으면 큰 병에 걸리지는 않는다.

그리고 아래쪽에 섬이 있으면 신장이나 생식기 계통의 병에 걸리기 쉽다.

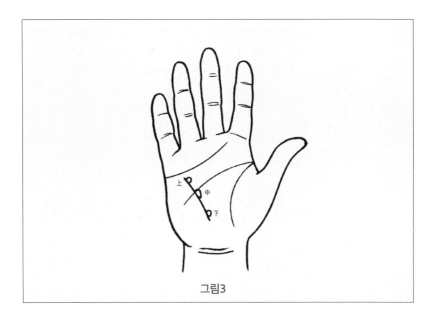

그림3

점선으로 이어져 있는 경우 (그림4)

이런 건강선은 위장이 안 좋은 사람에게서 많이 볼 수 있다. 뚜렷하게 아픈 곳도 없는 게 두통이 느껴지는 식으로 분명치 않은 병인 경우가 많다. 대부분 명랑한 성격을 가진 사람에게서 많이 볼 수 있다.

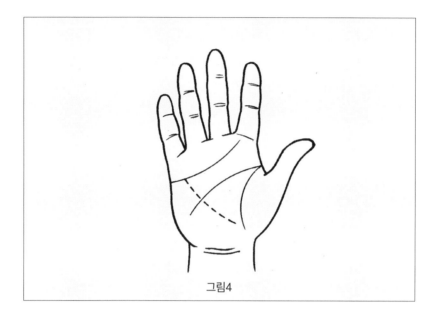

그림4

9. 손목선

손목 근처에서 볼 수 있는 선으로 건강과 부, 행복을 본다고 하지만 주로 건강에 관한 문제를 보는 선이다.

1) 손목선을 보는 방법

가로로 세 줄의 손목선이 있는 경우 (그림1)

건강하고 장수할 상의 하나. 네 줄의 뚜렷한 손목선이 있으면 재벌이 될 상으로 본다.

끊어진 파문(波紋)처럼 되어 있는 경우 (그림2)

생식 기관이나 복부의 내장 기관이 약한 상.

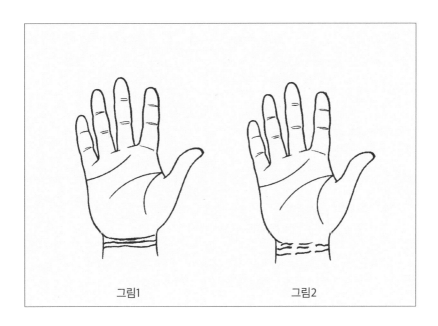

그림1   그림2

맨 위의 손목선이 극단적으로 휘어 있는 경우 (그림3)

내장 기관이 약하고 생식 기관에 장애가 일어나기 쉬운 상. 임신을 하게 되면 매우 주의해야 할 필요가 있다.

V자 무늬가 있는 경우 (그림4)

그림4처럼 V자 무늬가 선명하게 나타나 있고 손목선도 서너개가 흐트러지지 않은 모습으로 나타나 있으면 말년에 예기치 않은 재물을 얻게 될 좋은 상으로 본다.

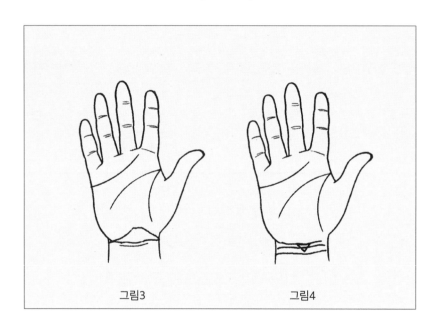

그림3   그림4

10. 재운선(財運線)

　수성구 위에 나타나는 세로줄을 재운선이라고 하는데, 재물운을 뜻하는 말이다. 물론 큰 재물에 관한 것은 금성구, 태양선, 두뇌선과 함께 살펴 보아야 하고, 이 재운선 자체만으로는 금융 면, 즉 일상생활에서의 금전의 융통이나 저금액 등을 알아 본다. 그림1처럼 흐트러지지 않고 뚜렷하게 드러나 있으면 금전운이 좋다고 보지만 돈을 물쓰듯 할 정도로 재벌이 된다는 뜻은 아니다.

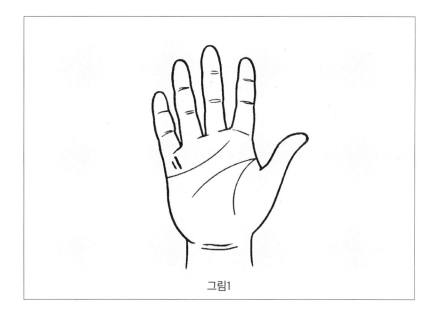

그림1

그저 의식주에 별 걱정없이 안심하고 편안히 살 수 있다는 뜻이다. 일반적으로 재운선은 길수록, 또 여러 개일수록 운이 더 왕성하다고 보지만, 설사 짧더라도 뚜렷하고 깊게 패여 있으면 금전운이 있다고 본다.

1) 재운선을 보는 방법

구부러져 있는 경우 (그림2)

재운선이 길더라도 힘없이 구부러져 있는 경우에는 금전 문제에 안정감이 없는 시기임을 뜻한다. 돈이 들어와도 쉽게 나가버려 좀처럼 뜻대로 저축을 할 수 없다든가 적자가 이어져 돈을 벌어도 그것을 메꿔나가기가 힘든 시기라는 뜻이다.

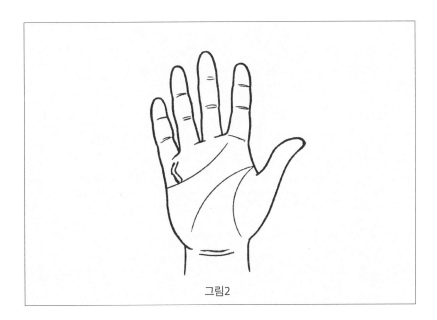

그림2

가로선이 있는 경우 (그림3)

금전운이 잘 풀려나가다가 갑작스런 장애가 일어나 그 운이 막혀버릴 위험이 있다. 가로선이 뚜렷할수록 장애가 크다는 것을 암시하며 수가 많을수록 장애가 많다고 본다.

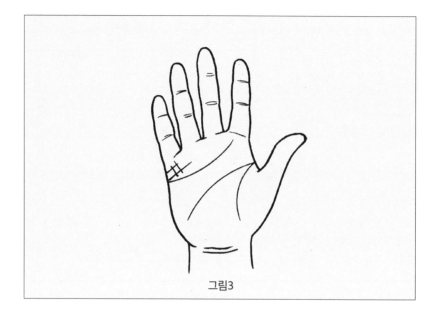

그림3

두뇌선에서 출발한 재운선 (그림4)

두뇌선의 토성구 근처에서 출발해 수성구로 뻗어 있는 것도 재운선이라고 본다. 이것은 발명이나 발견 등을 통해 큰 재물을 얻게 될 좋은 선이다. 단, 감정선이 목성구의 중앙까지 뻗어 있어야 한다.

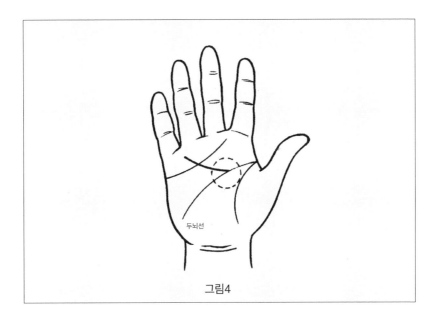

두뇌선

그림4

정(井)자 같은 무늬가 있는 경우 (그림5)

재운선에 우물 정자 같은 무늬가 있는 경우에는 한때 금전적인 문제에 부딪치더라도 다시 일어설 수 있다는 뜻이다. 다만 서이 구부러져 있을 경우에는 재기가 늦어지거나 노력에 비해 효과가 적거나 여러 번의 난관에 부딪히게 된다는 뜻이다.

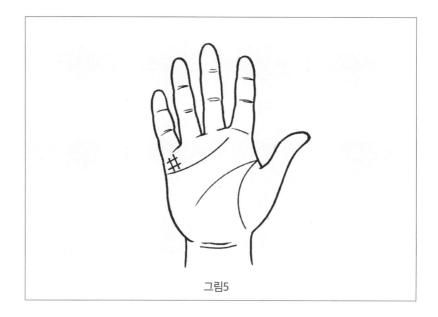

그림5

수성구와 태양구의 중간에 있는 경우 (그림6)

그림6처럼 뚜렷하게 나타나 있는 재운선은 우연히 재물을 얻게 되는 상이다. 예를 들면 뜻 밖의 유산을 물려받게 된다거나 큰 돈을 찾아주었는데, 주인이 나타나지 않아 자기가 가지게 되는 그런 횡재를 말한다.

그 밖의 작은 선도 그렇게 보지만, 재운선도 매우 변화가 많은 선이다. 지금까지 힘차고 뚜렷하게 나타나 있던 재운서의 끝이 갈라지거나 구부러지면 금전적인 문제나 재물이 흩어진다는 것을 의미한다. 그와는 반대로 재운선이 전혀 보이지 않았는데 어느 틈엔가 손에 나타나 있는 경우가 있다. 그런 경우에는 운이 트인다는 것을 예견한다.

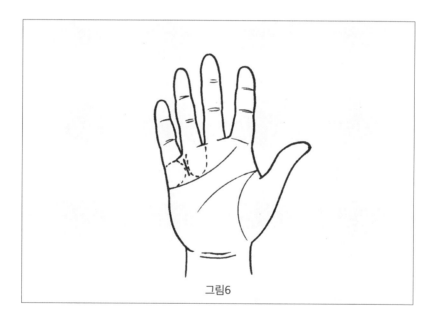

그림6

11. 직감선(直感線)

　수성구에서 월구를 향해 반달처럼 휘어져 있는 선을 말하는데, 이 선이 있으면 직감이 날카롭고 본능적으로 사람의 마음을 간파하는 능력이 있다고 본다. (그림7)

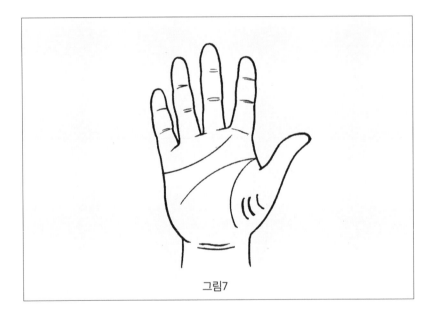

그림7

12. 음덕선(陰德線)

금성구 안에 생명선과 같은 커브를 그리거나 세로로 나타나 있는 선을 말한다. 알게 모르게 남에게 음덕을 베풀면 나타나는 선으로 너그러운 마음을 상징한다. (그림8)

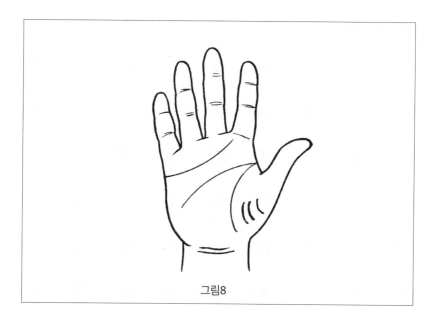

그림8

13. 야심선(野心線)

　목성구 위에서 집게손가락을 향해 뻗어 있는 선을 야심선이라고 하는데, 다른 말로 희망선 또는 권력선이라고도 한다.

　이 선은 희망·권력·명예 등에 대한 욕망, 야심의 유무, 강약을 본다. 특히 남성의 경우에는 이 선이 매우 중요하다. 야심선이 한 개도 나타나 있지 않을 경우에는 노력이 부족하고 미래에 대한 뜨거운 욕망이 없다고 본다. 남성의 왼손 목성구에 그림1처럼 뚜렷하게 한 가닥이 패여 있으면 최고의 길상으로 본다.

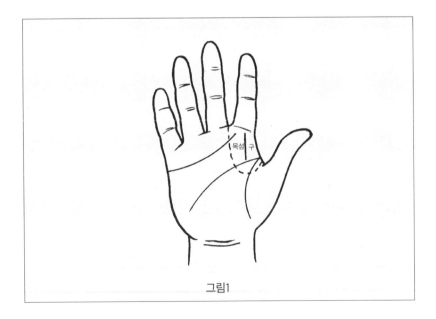

그림1

몇 개가 나타나 있는 경우 (그림2)

누구에게 못지 않은 야심가로, 하고 싶은 것이 너무 많아 오히려 일을 그르치게 될 상이다. 단, 그 중의 하나가 뚜렷하게 패여 있으면 한 가지 일에서 성공을 거둘 수 있다고 본다.

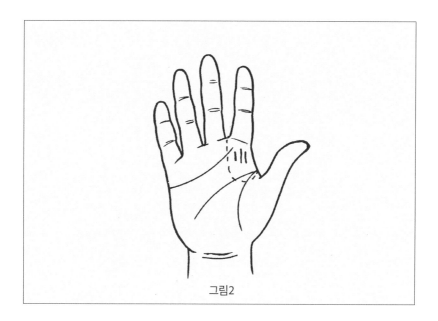

그림2

가로선이 있는 경우 (그림3)

좋은 야심선이 나타나 있어도 그것을 가로지르는 선이 있을 경우에는 자신이 원하는 야심이나 희망에 장애가 생긴다는 뜻이다. 가로선이 굵을수록 장애는 심하다고 보며, 가는 경우에는 일시적인 장애로 본다. 가능하면 주위의 충고를 따라 장애를 극복하도록 노력하는 것이 좋다.

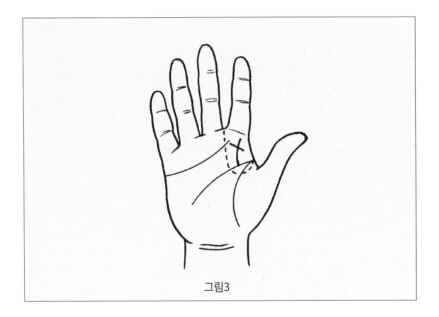

그림3

14. 반항선(反抗線)

　반항선은 제2화성구에 위치하기 때문에 제2화상선이라고도 부른다. 제2화성구에 가로로 나타나며 생김새에 따라 판단하는 방법이 다르다.

　곧은 반항선이 두 개 정도 있으면 남성일 경우, 정당한 반항심을 가지고 있다고 해서 길상으로 본다. 남성으로서 반항선이 한 개도 없으면 지나치게 얌전한 성격이든가 활기가 없다고 본다. 여성인 경우에 반항선이 있으면 남성처럼 거친 타입이라고 본다.

1) 반항선을 보는 방법

반항선이 위를 향하고 있는 경우 (그림1)

성격이 꽤 강한 사람. 위를 향한 반항선이 몇 개가 있을 경우에는 제멋대로인 성격이다. 무슨 일에든 자기의 뜻을 관철시키기 위해 고집을 피우는 면이 있고 사물을 솔직하게 인정하지 않는다.

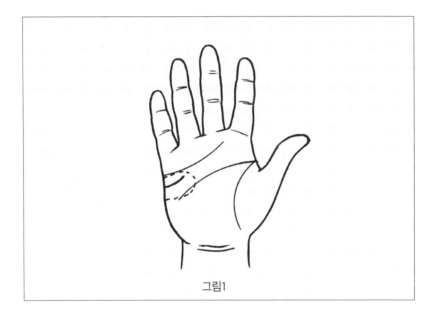

그림1

반항선이 아래를 향하고 있는 경우 (그림2)

아래를 향한 반항선이 몇 개나 있는 경우에는 겉으로 드러내지 않는 내성적인 반항심과 고집이 있다고 본다.

반항선이 유난히 긴 경우 (그림3)

손바닥을 가로지르고 두뇌선까지 가로지른 경우에는 지나치게 제멋대로다. 툭하면 성을 내기 잘하고 사물을 비뚤어진 시각으로 바라보며 누구에게나 쉽게 대드는 사람으로 대인 관계를 제대로 유지하지 못한다. 늘 두통에 시달리는 사람이기도 하다.

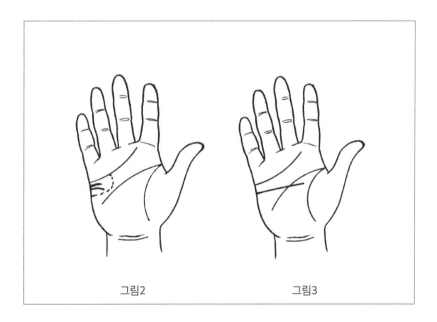

그림2   그림3

15. 장중팔괘법(掌中八卦法)

    손바닥에 역경(易經)의 팔괘(八卦)를 놓아 높고 낮은 것과 강하고 쇠한 기운을 판별하여 오행을 적용, 운세를 판단하는 방법이지만, 이것은 사주추명학과 역학을 함께 판단해야 하는 복잡한 분야이기 때문에 여기에서는 간단히 설명만 하기로 하고 계속 속간될 사주추명학 이후의 종합 분야에서 자세히 다루기로 하겠다.

1) 팔괘와 구릉의 관계 (그림참조)

① 건궁(乾宮) : 월구에 위치함

② 감궁(坎宮) : 손목 위쪽에 위치함

③ 간궁(艮宮) : 금성구에 위치함

④ 진궁(震宮) : 제1화성구에 위치함

⑤ 손궁(巽宮) : 목성구에 위치함

⑥ 이궁(離宮) : 토성구에 위치함

⑦ 곤궁(坤宮) : 수성구와 태양구의 중간에 위치함

⑧ 태궁(兌宮) : 제2화성구에 위치함

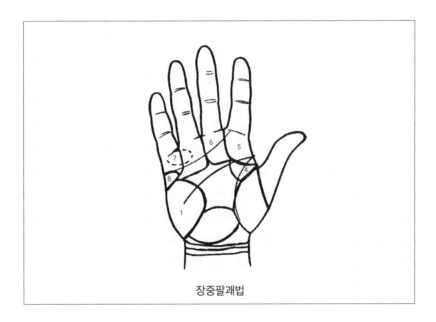

장중팔괘법

2) 팔괘와 오행의 관계 (그림참조)

　제1화성구는 금성구와 목성구의 의미를 중점적으로 판단하는 부분에 위치하기 때문에 오행상, 제2화성구를 화(火)의 기운이 강하다고 본다.

　오행상생(木生火, 火生土. 土生金, 金生水, 水生木)의 원리대로 손 위의 각 구릉에 선을 그려보면 별 모양이 완성되는데, 제1화성구를 화의 기운이 강하다고 볼 경우에는 이 별이 완성되지 않는다. 그래서 제2화성구를 오행상의 화(火)로 본다고 하는 것이다. 이 분야는 다음에 자세히 다루기로 하고 손바닥에 위치하는 각 오행과 팔괘의 기본 형태만 외워두기 바란다.

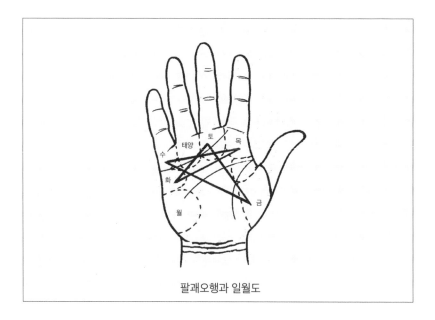

팔괘오행과 일월도

제2부
수상감정

수상감정(手相鑑定)

동양철학 분야에 속하는 관상이나 사주추명, 골상 등도 그렇지만 수상도 종합적인 평가가 무엇보다 중요하다. 단순히 생명선, 두뇌선, 감정선, 운명선, 태양선 등의 5대선을 보고, 그 사람의 운명을 판단하는 것은 섣부른 행동이라 할 수 있을 것이며, 손바닥 위의 모든 선들을 종합해서 판단하는 것 또한 복잡하기 이를 데 없는 감정이라고 말할 수 있다.

기본적으로 제1부에서 다룬 각 선들이 가진 의미를 완벽하게 이해한 뒤에 그 선들의 짜임새, 장·단점을 파악하여 관상·사주와 함께 풀어나가는 것이 가장 정확한 판단법이지만, 여기서는 초보자라도 쉽게 판단할 수 있는 특별한 대상을 놓고 판단하는 기초적 감정 사항을 다루기로 했다.

예를 들면 부자가 될 수상, 일찍 결혼할 수상, 단명의 수상 등 독자들의 이해를 돕기 위해 각 항마다 그림을 곁들였으니 하나하나 충분히 비교평가해 보고 적절한 판단을 내리는 훈련을 쌓기를 바란다.

어째서, 무엇 때문에 그런 감정이 나오는가를 연구해 가다 보면 이 책을 탐독한 뒤에 당신은 기본적인 수상학을 충분히 습득할 수 있을 것이다.

1. 사랑과 결혼, 그리고 애인

여기서는 애정과 관계 있는 수상에 관하여 알아보기로 한다.

애정 관계를 나타내는 요소로는 주로 감정선이 가장 큰 비중을 차지하며 금성구와 결혼선, 금성대도 큰 역할을 한다. 특히 각 구릉과 선 위에 나타나는 섬이나 끊어진 모습, 고리들이 특별한 뜻을 가지고 있으니, 그 점을 염두에 두고 연구하기 바란다.

1) 냉정한 성격

그림1처럼 생명선이 손목까지 뻗어 있고 금성구가 납작하며 감정선이 일직선으로 달리다가 가운데손가락 아래에서 멎은 모습에 지선이나 흐트러짐이 없는 경우에는 이성에 대해 담백하고 냉정한 성격이다. 성적 욕구도 적은 편이기 때문에 결혼이나 연애보다는 사업이나 일에 관심을 더 보인다.

이런 사람은 감정보다 이성이 더 앞서 있어서 가정에 얽매이는 것보다는 사회에 참여해서 명예를 얻는 일을 더 중시한다.

여자가 이런 상일 경우에는 결혼을 늦게 하는 경우가 많고 결혼을 한다 해도 가정보다는 사회생활에 더 적극적으로 매달리며 남성을 리드하려 한다. 여성운동가로서 어울리는 수상이다.

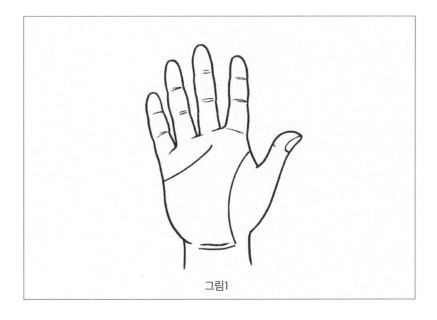

그림1

2) 바람을 피울 수상

감정선에 섬이 있거나 감정선 자체가 고리 모양으로 이루어져 있는 사람(그림2)은 결혼 전에 여러 명의 이성을 만나게 되고 또 결혼을 한다 해도 배우자 이외의 다른 이성에게 관심을 보인다.

고리를 이루거나 섬을 이룬 지선이 아래쪽을 향하고 있으면 반드시 한 번 이상 바람을 피울 상이다.

감정선이 고리를 이루고 있다는 것은 감정의 변화가 많고 정이 많다는 뜻이기 때문에 이렇게 판단하는 것이다. 상황판단을 냉정하게 내릴 수 있도록 정에 이끌리지 않는 이성을 기르는 것이 중요하다.

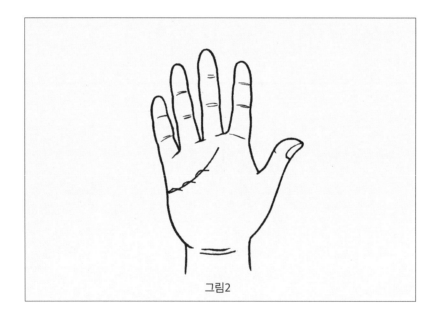

그림2

감정선에 고리가 있고 두뇌선에 별 모양이나 십자무늬 등의 무늬가 있을 경우에는 애정 문제로 심각한 고민을 하게 된다. 이런 상태에서 생명선에도 이상이 있을 경우에는 동반자살을 기도하는 위험까지 저지를 수 있으며 생명선이 맑고 깨끗한 경우에는 일시적인 고민으로 끝날 수 있다.(그림3)

애정선이 고리를 이루거나 지선이 아래를 향하고 있는 사람들은 자주 실연을 당하여 이성의 영향을 받기 쉽고 동정심이 깊다. 항상 감정보다는 이성을 앞세우는 습관을 기르는 것이 좋다.

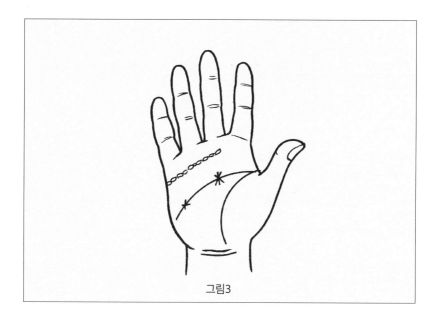

그림3

두뇌선에 이상이 있다는 것은 그 시기에 두뇌회전에 이상이 생긴다는 뜻으로 보기 때문에 감정선의 이상과 함께 판단해서 애정관계의 고민에 빠진다고 판단하는 것이다.

두뇌선에 섬이나 별무늬가 있다 해도 감정선이 깨끗하다면 애정 관계의 문제로 고민한다고 보지는 않는다.

3) 정에 이끌리지 않는 수상

그림4처럼 운명선이 일직선으로 곧게 뻗어 있는 사람은 의지가 강하고 상황판단이 예리하기 때문에 사랑하는 사람과 이별의 기로에 서게 되었을 때도 결코 이성을 잃고 행동하는 일이 없다.

연애를 하든 결혼을 하든 이성적인 판단에 의해 행동하기 때문에 좀처럼 실수를 하지 않지만, 감정선이 고리를 이루거나 흐트러져 있는 경우에는 이성과 감정의 대립 때문에 혼자 살게 되는 경우가 많다. 단, 운명선이 휘어 있거나 끊어져 있을 경우에는 의미가 정반대니까 이 점을 유의해야 한다.

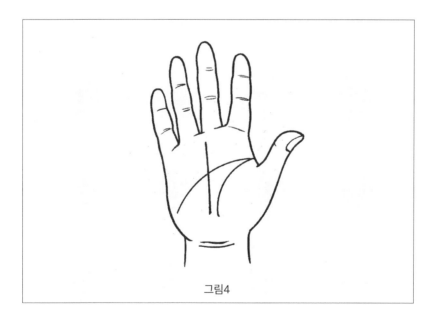

그림4

4) 백년해로할 수상

그림5처럼 두뇌선이 생명선 안쪽의 금성구에서 나와 있는 사람은 이성을 선택하는 데 신중하며, 한번 선택을 하면 죽을 때까지 그 사람을 위해 사는 사람이다.

이성에 대한 배려도 깊고 이해심도 많으며 설사 헤어질 위기에 처한다 해도 모든 것을 자신의 부덕으로 돌리고 원만한 생활을 유지하기 위해 최선의 노력을 다한다.

그러나 상대방이 헤어지고 싶어해도 놓아 주지 않는 단점이 있기 때문에 오히려 불행을 초래하는 경우도 있으니 보다 나은 행동이 어떤 것인지 시야를 넓힐 필요가 있다.

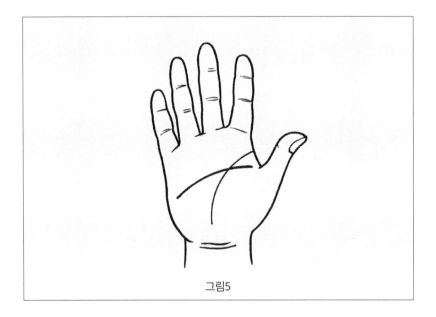

그림5

5)연상의 여자를 좋아하는 남자

연상의 여자를 좋아하는 것은 마음이 여리고 모성 본능을 자극하는 귀염성이 있으며 두뇌가 총명하고 예민한 감수성을 가지고 있다는 뜻이다. 물론 동정심도 많고 내성적인 성격이기도 하다.

이런 남자는 어떤 수상을 가지고 있는지 살펴보자.

• 감정선이 고리를 이루고 있다.(그림6)
• 감정선에 지선이 여러 개 있다.(그림7)

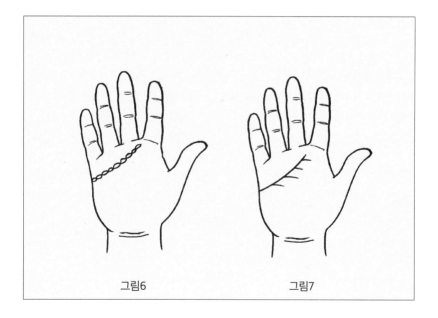

그림6   그림7

• 금성구에서 토성구를 향해 뻗어 있는 선(그림8)

• 흩어진 금성대(그림9)

  감정선이 고리를 이루고 있다는 것은 정이 많은 뜻이라고 말했다. 감정선에 지선이 많은 것도 같은 뜻이다. 금성구에서 토성구를 향해 뻗은 선은 운명선이며, 이런 운명선은 윗사람의 도움을 받을 상이기 때문에 감정선과 함께 평가해서 연상의 여자의 도움을 받는다고 보는 것이다. 금성대가 흩어져 있으면 강한 성격이 아니고 운세가 흩어진 격이라 비정상적인 관계에서 힘을 발휘한다고 보는 것이다.

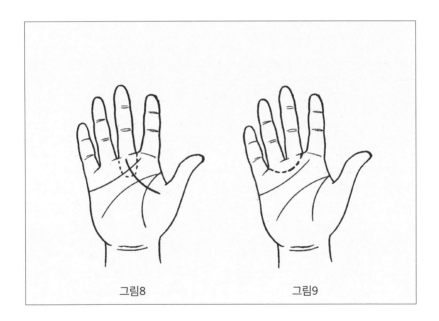

그림8   그림9

만약 그림10처럼 금성구 안에 이중생명선이 있으면, 이 또한 연상의 여자와의 사랑을 의미하며, 그 선의 길고 짧음에 따라 두 사랑의 애정이 얼마나 오래 가는지 판단한다.

이중생명선 위에 섬이나 십자 등의 무늬가 있으면 유부녀와의 사랑으로 불길한 파국을 맞이하게 되며 이중생명선이 화성평원에서 뻗어나온 장애선에 의해 끊어져 있는 경우에는 이별을 의미한다.

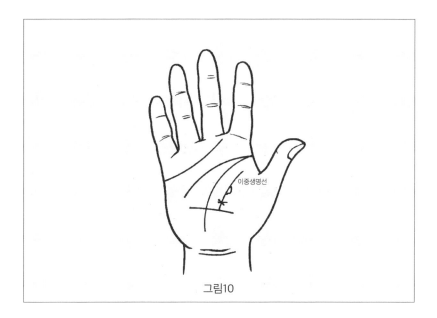

그림10

6) 연하의 남자를 좋아할 여자

연하의 남자를 좋아할 여자는 금성구와 감정선, 생명선, 두뇌선 등의 상태를 보고 판단한다.

그림11처럼 금성구가 발달되어 있고, 생명선이 굵게 뻗어 있으며, 감정선이 지선이나 고리를 이루며 목성구까지 뻗어 있으며, 생명선과 두뇌선의 기점이 떨어져 있으면 애정이 풍부하고 행동력이 있으며 적극적인 여자로 본다.

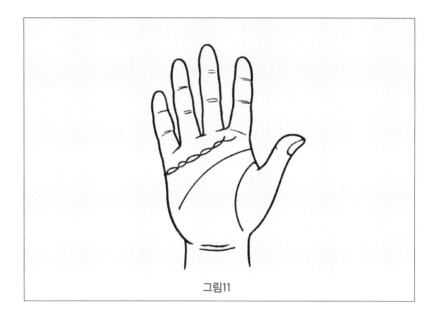

그림11

또한 그림12처럼 두뇌선의 끝이 둘로 갈라져 한쪽이 위로 향한 여성은 지도력이 있어서 남자를 리드하는 능력이 뛰어나다.

연하의 남자를 좋아한다는 것은 결국 남자에게 뒤지기 싫어하고 자존심이 강하며 인정이 많고 감수성이 풍부하다는 뜻이다. 물론 두뇌도 총명해야 할 것이다.

두뇌선과 생명선이 깨끗하고 감정선이 풍부하며 운명선 또한 뚜렷하다면 연하의 남자를 리드하기에는 충분할 것이다.

그러나 그림 13처럼 감정선이 밑으로 처져서 두뇌선, 생명선과 맞닿아 있을 경우에는 맹목적인 사랑에 빠져 죽음까지 생각하는 상으로 유부녀가 된 이후에도 불륜을 저지를 수 있으니 함부로 정을 베푸는 짓은 하지 않는 것이 좋다.

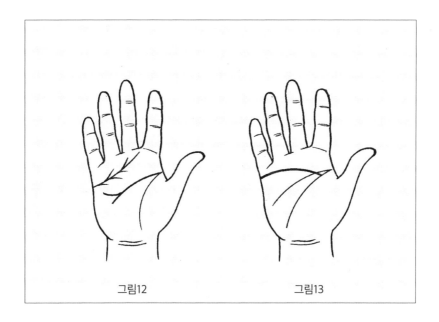

그림12　　　　　　　　　　　그림13

7) 상대를 독점할 수 있는 수상

그림14처럼 고리 모양의 감정선과 끊어진 금성대, 긴 두뇌선, 풍부한 금성구를 가진 사람은 모든 것을 희생하더라도 자기가 점찍은 상대는 반드시 자기 것으로 만드는 타입입니다.

이런 손은 매우 관능적이며 두뇌가 영리해 상대의 마음을 읽는 데 뛰어나기 때문에 풍부한 감정으로 상대를 감싸준다.

일반적으로 여자의 감정선이 지선이 많거나 고리를 이루고 있으면 성적인 면에서도 다양성을 추구한다고 본다. 다만 감정을 절제하는 능력을 기르는 것이 중요하다.

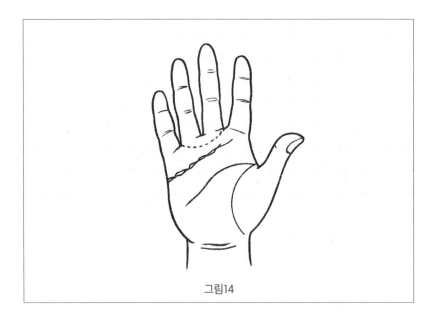

그림14

8) 불륜 관계에 빠질 수상

　그림15처럼 감정선과 두뇌선이 모두 흩어져 있거나 끊겨 있고 장애
선이 많은 경우에는 풍부한 감정을 컨트롤하는 두뇌선이 곧게 정립되
어 있지 않은 탓에 앞뒤를 분간하지 못하는 사랑, 즉 유부남이나 유부
녀와의 사랑에 빠질 상으로 본다.
　이런 사람들의 두뇌선은 끊어질 듯이 월구까지 길게 이어져 있는 것
이 보통이다.

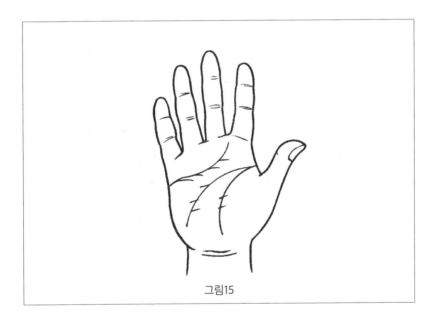

그림15

두뇌선이 흐트러져 있는 탓에 결단력이 없으며, 감정선도 지선이 많고 고리를 이루지 못해 늘 실패만을 맛보는 타입에 정이 많으니 어쩔 수 없는 것이다. 또한 월구는 인기선이라 했는데, 두뇌선이 이곳까지 뻗어 있어서 인기는 상이라 스스로 감정을 억제하고 살려 해도 상대방이 내버려 두지 않는다.

좀 더 강한 결단력과 지조를 갖추는 것이 중요하다.

9) 당산의 성적인 능력은?

• 그림16처럼 금성구가 두툼하고 가는 선이 많으며 감정선이 깊이 패여 있고 고리를 이루고 있으며 금성대가 형성되어 있는 사람은 관능미가 풍부하고 아름다움을 추구하며 섬세한 감정을 가지고 있어서 성적인 면에서 예술가라고 말할 수 있다.

• 고리 모양의 감정선을 가진 사람은 성적인 호기심과 기교가 풍부하며 모험심이 많아서 남자의 경우에는 훌륭한 연구가, 여자인 경우에는 다정다감한 탤렌트적 사랑을 나누게 된다.

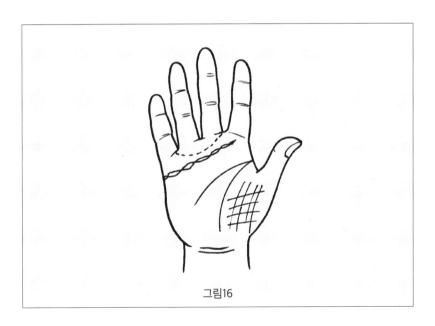

그림16

금성대가 있는 사람은 없는 사람에 비해서 감각이 뛰어나며, 뚜렷한 사람보다는 끊어져 있는 사람이 다양성을 좋아한다.

• 그림17처럼 금성대와 결혼식이 이어져 있는 사람은 상대의 아름다움을 추구하며 남자인 경우에는 카사노바, 여자인 경우에는 양귀비와 버금가는 매력을 가지고 있다.

그러나 두뇌선이 뚜렷하지 않을 경우에는 쾌락만 추구하게 되어 동성연애나 변태성욕에 빠질 우려가 있다.

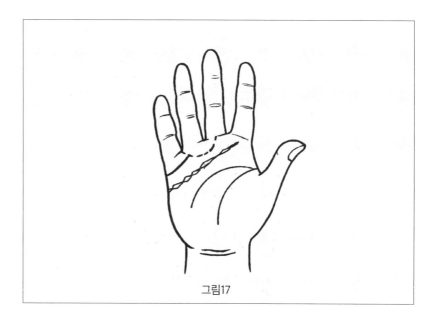

그림17

10) 정력적인 수상

그림18처럼 목성구까지 뻗어 있는 긴 감정선과 함께 이중감정선을 가지고 있는 사람은 애정이 풍부하고 정력적이며 많은 사람들에게 사랑을 받을 수 있는 타입입니다.

여성인 경우에 이중감정선이 있고 그림18처럼 운명선이 곧게 뻗어 있으면 두 번 이상의 결혼을 하게 되거나 젊은 나이에 미망인이 되기 쉽다.

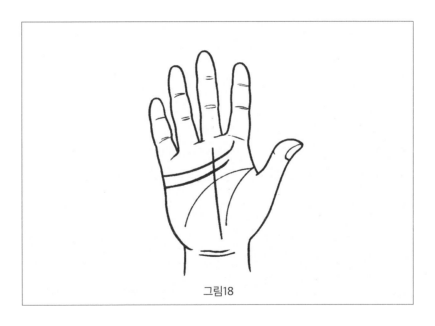

그림18

남성인 경우에는 늘 새로운 사랑을 찾아다니는 타입이며, 성적인 문제는 물론 일에도 매우 정력적으로 집착성을 보이고 역경을 헤쳐나가는 능력이 뛰어나다.

11) 행복한 결혼생활을 할 수상

여성인 경우에 그림19처럼 목성구가 부풀어 있고 감정선이 길게 뻗어 있으며 목성구 위에 별무늬가 십자무늬가 있는 사람은 지위와 재산, 사회적인 명성을 고루 갖춘 남편을 만나 행복한 결혼생활을 보내게 된다.

게다가 곧게 뻗은 운명선과 태양선까지 갖추고 있다면 더없이 행복한 결혼생활을 보내게 될 것이다.

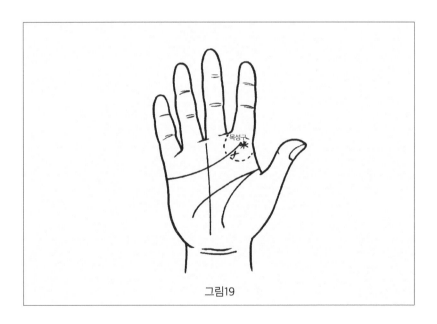

그림19

목성구에 있는 별무늬나 십자무늬는 남자인 경우에도 길상으로 치며 명예와 지위를 겸비할 상이다.

그리고 목성구에 삼각형 무늬를 가지고 있는 여자는 종교에 대한 믿음이 강하고 자비심이 깊은 타입으로 정치수완이 뛰어나고 남편을 잘 다루는 천성적인 능력을 타고 났다고 본다.

일반적으로 별무늬나 십자무늬는 선 위에 존재할 경우에는 나쁜 뜻으로 해석하고 구릉 위에 따로 존재할 경우에는 좋은 뜻으로 해석한다.

12)연애결혼을 할 수상

그림20처럼 두뇌선이 월구를 향해 부드럽게 곡선을 그리고 있는 사람은 상상력이 풍부한 로맨티스트로 음악이나 문학 등 예술방면에 뛰어난 재능을 가지고 있는데, 감정선이 길게 뻗어 있거나 고리를 이루고 있을 경우에는 틀림없이 연애결혼을 하게 된다.

단, 결혼선이 그림20처럼 단 한 가닥이 곧게 뻗어 있는 경우에는, 그 연애결혼이 평생 행복하게 이어지지만, 결혼선이 몇 개나 드러나 보이거나 구부러져 있거나 끊어져 있는 경우에는 이혼을 하게 될 확률이 높다.

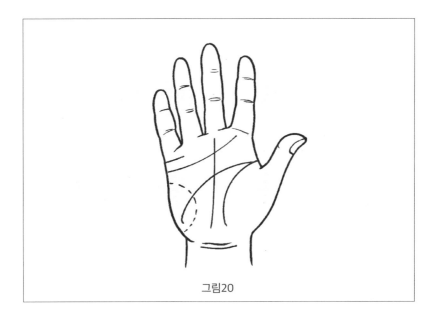

그림20

그림20과 같은 수상을 가진 사람에게 어울리는 사람은 공상보다는
현실을 더 중요하게 여기는 현실주의자다. 그래야 이상의 현실이 조화
를 이루며 살아갈 수 있기 때문이다.

13) 중매결혼을 할 수상

연애결혼은 이상주의자에게 어울리며, 중매결혼은 현실주의자에게 어울린다고 말할 수 있을 것이다.

그림21처럼 두뇌선이 곧게 뻗어 있거나 이중두뇌선을 가지고 있으면 매우 현실적인 사람으로 본다. 두뇌선이 두 개인 것처럼 긴 가지가 갈라져 있는 사람은 낭만주의와 현실주의를 함께 소유하고 있으며 세심성과 대담성을 잘 조화해 나가는 두뇌회전이 빠른 사람이다. 이런 사람은 대부분 연애와 결혼을 분리시켜서 생각하기 때문에 중매결혼을 하는 경우가 많다.

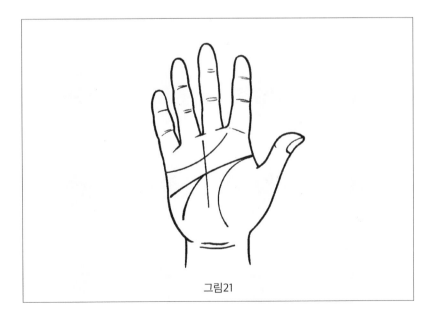

그림21

14) 고독할 수상

그림22처럼 두뇌선이 생명선과 떨어진 곳에서 출발하여 생명선과 나란히 달려 손목 중앙으로 향하고 있는 사람은 봉건적이며 염세적이어서 우울증에 빠지기 쉽다.

소극적인 성격에 자기만의 고독을 즐겨 자기의 틀 속에 틀어박혀 살기를 좋아하기 때문에 역시 중매결혼을 해야 하며, 주위 사람들의 도움이 없을 경우에는 짝사랑에서 헤어나지 못해 늘 풀죽은 모습으로 지내기 쉽다.

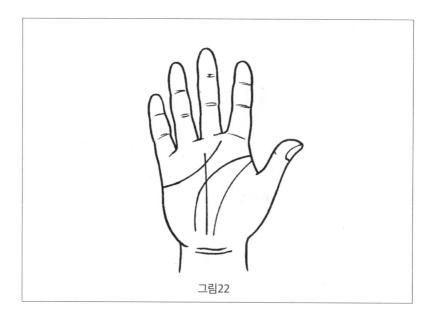

그림22

그림23처럼 두뇌선 끝에 별무늬나 십자무늬가 있을 경우에는 신경성 질병을 앓기 쉬우며, 충동적인 행동에 의해 자살까지 할 수 있는 상이다. 감정선이 흐트러져 있으며 두뇌선이 이런 경우에는 정신병을 앓게 될 우려도 있다.

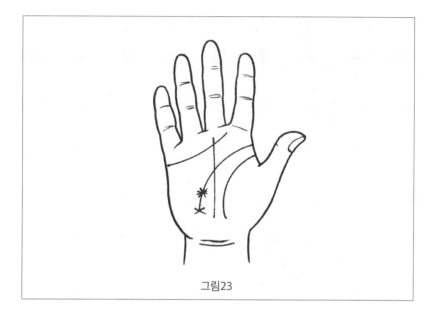

그림23

15) 이성에 의해 행운을 잡을 수상

그림24처럼 월구에서 뻗어 올라간 선이 운명선과 합쳐지고, 그 운명선이 가운데손가락 아래 부분까지 힘차게 뻗어 있는 수상을 가진 사람은 이성에 의해 행운을 움켜쥐게 될 상이다.

남자인 경우에는 비록 가난한 집안에 태어났다 해도 기업주의 딸이나 지위가 높은 딸과 결혼을 하게 되며 여자인 경우에는 내노라 하는 집안의 며느리로 시집을 가게 된다.

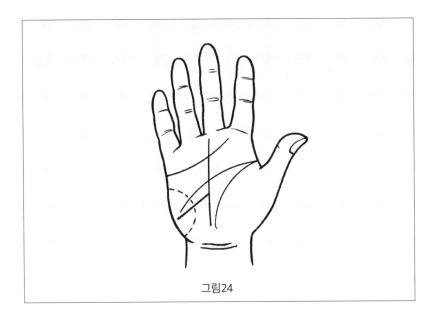

그림24

단, 감정선이 흐트러져 있거나 운명선이 도중에 끊어져 있으면 그 결혼은 오래가지 못하며 두뇌선이 점선처럼 끊어져 있는 경우에는 좋은 집안의 배우자를 맞이하더라도 불행한 생활을 보내게 된다.

또 그림25처럼 결혼선이 일직선으로 뻗어 태양선과 맞닿았거나, 태양구나 수성구에 있는 별무늬와 연결되어 있을 경우에도 결혼을 하면 큰 재산이나 지위를 얻을 상이다.

그러나 월구에서 뻗어 나온 지선이 운명선을 가로지르고 있거나 끊어져버린 수상을 가지고 있는 사람(그림26)은 이성 때문에 가정이 흔들리거나 이성으로 인한 상처 때문에 운명이 바뀔 상이다. 단, 끊어진 운명선 위로 새로운 운명선이 뻗어 있을 경우에는 인생을 재출발할 수 있다.

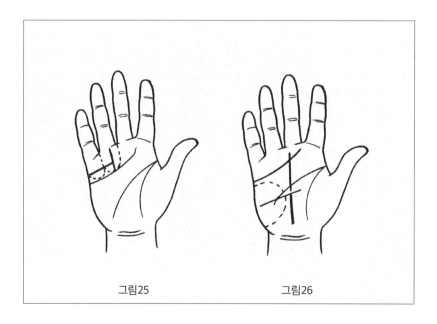

그림25　　　　　　　　　　　그림26

16) 일찍 결혼할 사람

일반적으로 일찍 결혼하는 사람들을 보면 그림 27처럼 금성구가 풍부하게 발달되어 엄지손가락 뿌리 부분에서 손목에 걸쳐 잘 부풀어 있다.

금성구가 발달한 사람은 몸도 건강하고 조숙하며 성적 매력이 있어서 일찍부터 이성의 인기를 독차지한다. 당연히 결혼도 일찍하게 되는 것이다.

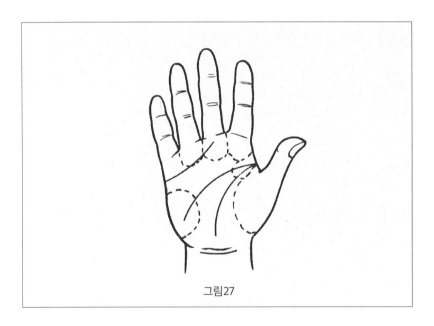

그림27

금성구와 함께 목성구가 발달되어 있으면 남에게 지기 싫어하는 강인한 의욕과 적극성을 띠게 되어 주위에서 밀어 주지 않더라도 스스로의 능력으로 배우자를 선택해 좋은 결혼을 할 수 있다.

금성구와 함께 태양구가 발달되어 있는 사람도 정열적인 성격이기 때문에 일찍 결혼하게 되며 금전운도 좋아서 일찍 출세하게 된다.

17) 늦게 결혼할 사람

그림27에서 월구가 발달한 사람은 로맨틱한 경향이 짙어서 결혼에 대한 동경심이 강하며 너무 이상적인 배우자를 바라기 때문에 이것저 것 가리다가 늦게 결혼하게 된다. 월구의 발달과 함께 토성구도 발달되어 있으면 생각이 지나치게 신중해서 이성을 선택하는 데 까다롭기 때문에 독신주의자가 될 가능성이 많다.

월구의 발달과 함께 제1화성구가 발달한 사람은 성욕이 왕성해서 바람둥이이긴 하지만, 오히려 결혼을 늦게 하는 편이다.

월구는 그다지 발달하지 않았는데 제1화성구만 유난히 발달해 있는 경우에는 자제력이 강해서 어지간한 이성의 유혹에는 넘어가지 않는 사람이다.

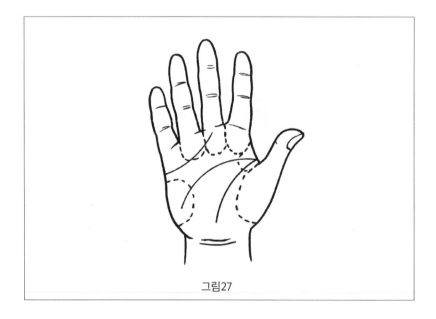

그림27

18) 이혼하게 될 수상

그림28처럼 결혼선이 끊어져 있거나 금성구에 십자무늬가 있는 사람은 이혼을 하게 될 우려가 높다.

결혼선이 끊어져 있다는 것은 원만한 결혼생활을 할 수 없다는 뜻이고, 금성구에 십자무늬가 있다는 것은 자신의 주관이 너무 뚜렷해서 상대의 마음을 헤아리지 못하기 때문이다.

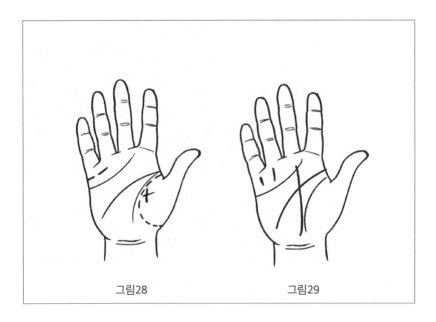

그림28   그림29

또한 그림29처럼 두뇌선이 생명선과 떨어져서 출발해 있으면 독립성이 강해서 남편이 무능하다는 것을 알면 가출까지도 할 수 있는 여자다. 이런 여자가 뚜렷한 운명선을 가지고 있으면, 이혼한 뒤에 새로운 출발을 할 수 있지만, 재운선이나 태양선이 희미하거나 없는 경우에는 생활능력 부족 때문에 전락할 우려가 있다.

그리고 그림30처럼 결혼선에서 갈라져 나온 지선이 중앙부를 가로질러 금성구 안으로 파고 들어갔을 경우에도 이혼을 피하기는 어렵다.

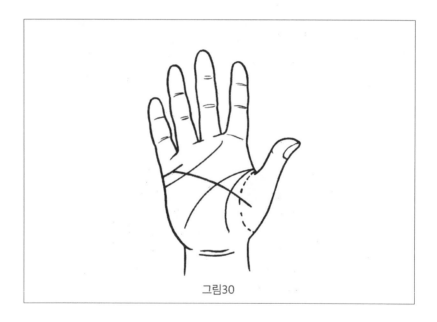

그림30

19) 남편운이 없는 수상

여성이 어떤 남편을 맞이하게 되느냐는 결혼선을 보고 판단한다.

그림31처럼 결혼선이 새끼손가락을 향해 올라가 있는 여자는 남편운이 없으며 결혼을 하더라도 남편이 게으른 사람이거나 병약해서 스스로 생활전선에 뛰어들어야 한다.

이런 경우에 운명선이 뚜렷하게 나 있으면 남편에게 의지해서 살기보다는 독신주의를 택하는 것이 멋진 삶을 보낼 수 있다. 아니면 결혼을 한다 해도 직업을 가지고 사회생활을 하는 것이 생활을 윤택하게 꾸려나갈 수 있는 길이다.

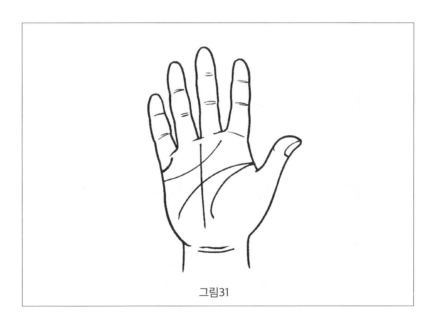

그림31

결혼선은 보통 가로로 곧게 뻗은 것이 정상이며 밑으로 처져서 감정선과 맞닿아 있는 경우에는 연애결혼을 하거나 다정다감한 성격으로 보지만, 위쪽으로 뻗어 있으면 이상이 높고 자신의 주제 이상의 상태를 구하기 때문에 누구와 결혼을 하더라도 그 상대가 마음에 들지 않는 것이다.

남성인 경우에는 이런 결혼선을 가지고 있더라도 별 문제는 되지 않지만, 여성인 경우에는 남성 이상으로 나서기를 좋아하기 때문에 결국 남편의 기를 꺾어 이혼을 하거나 스스로 남편운이 없다고 판단을 내리게 되는 것이다.

20) 두 번 결혼할 수상

결혼의 수나 모습은 그 사람의 이혼과 재혼, 또는 이성 관계를 나타낸다.

그림32처럼 결혼선이 두 개 이상 있으며 하나가 두드러져보이지 않고 서로 비슷한 경우에는 두 번의 결혼을 하게 된다고 보며, 운명선이 끊어져 있는 여자인 경우에도 운명이 바뀐다는 뜻으로 보기 때문에 두 번 결혼한다고 판단한다.

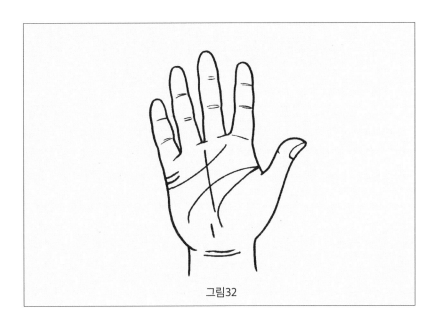

그림32

또 그림33처럼 결혼선이 감정선과 닿아 있으며 두뇌선이 끊어져 있는 경우에도 이별을 암시하며 힘 없는 결혼선이 어지럽게 흩어져 있는 그림34 같은 수상은 정식결혼을 하기 힘들다.

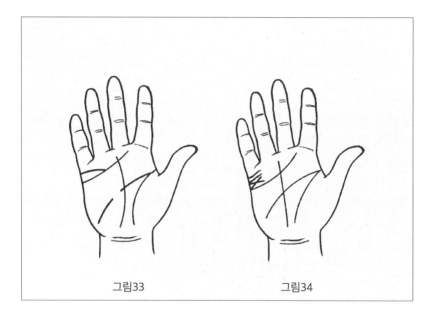

그림33   그림34

21) 자식운이 좋은 여자, 나쁜 여자

그림35처럼 생명선이 굵게 패여 있고 금성구를 감싸고 돌아있으며 금성구도 두툼해서 살집이 많은 여자는 유방의 발육이 좋고 골반이 튼튼해서 건강한 아이를 낳을 수 있으며 성적으로도 풍만한 육체를 가지고 있다. 물론 자식운도 좋다고 본다.

또한 금성구에 별무늬나 우물정(井)자, 섬무늬가 있으면 현모양처라고 말할 수 있다. 어떤 학자들은 금성구에 무늬가 있으면 삼각 관계나 불륜에 빠지기 쉽다고 말하는데, 이것도 틀린 것은 아니다. 풍만한 육체와 정이 많다 보니 당연히 이성의 눈에 쉽게 띄게 되고, 그것이 결국 불륜 관계로 이어질 수 있는 것이니까.

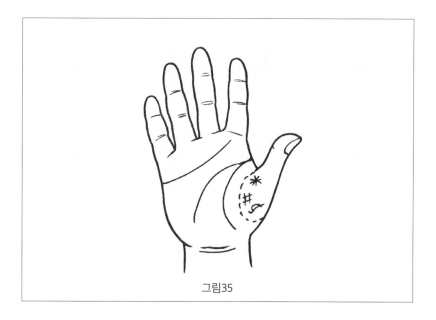

그림35

이것을 판별하는 방법은 감정선과 두뇌선을 보는 것이다. 즉, 감정선과 두뇌선이 깨끗한 경우에는 현모양처, 흐트러져 있거나 끊어져 있는 경우에는 불륜 관계에 빠지기 쉽다는 것이다.

그리고 자식운이 나쁜 여자는 금성구의 살집이 빈약해서 남자하고 생명선이 흐트러져 있거나 끊겨 있으며 생명선이 월구쪽을 향해 뻗어 있는 수상이다.(그림36)

이런 여자는 자궁의 발육이 좋지 않고 몸이 약하기 때문에 성적 매력도 없고 피로하기 쉬우며 유산을 하게 될 가능성이 높다.

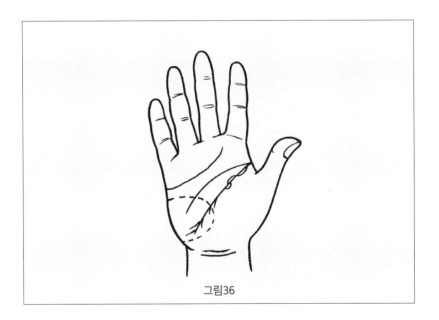

그림36

또 그림37처럼 손목선이 손바닥쪽을 향해 극단적으로 휘어 있는 여자는 임신을 하기 어렵다.

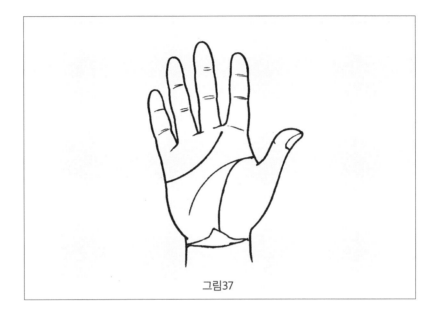

그림37

22) 많은 이성을 겪게 될 수상 (그림38 참조)

A처럼 감정선이 두 개가 있거나 B처럼 이중두뇌선인 경우에는 냉철한 판단력에 의해 사회적으로 성공할 수는 있지만, 이성문제로 늘 고민을 하게 될 상이다.

또 C처럼 결혼선이 여러 개 있거나 D처럼 운명선이 끊어져 있는 사람, E처럼 운명선 위에 별무늬가 있거나 F처럼 운명선 위에 있는 섬이 있는 사람이 두 가지 인생을 사는 것과 같아서 안정된 생활을 하기 어렵고 많은 이성들 틈에서 늘 고민하게 될 상이다.

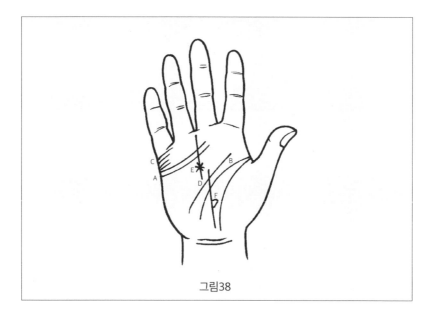

그림38

23) 첩을 둘 남자의 수상

예전에도 그랬지만 요즘도 세컨드를 두고 두 집 살림을 하기 위해서는 경제적인 능력이 따라 주어야 한다.

이런 남자는 그림39처럼 각 구릉이 잘 발달되어 있고 화성평원이 움푹 패여 있으며 손 자체가 두툼해서 매우 활동적인 수상을 갖추고 있다.

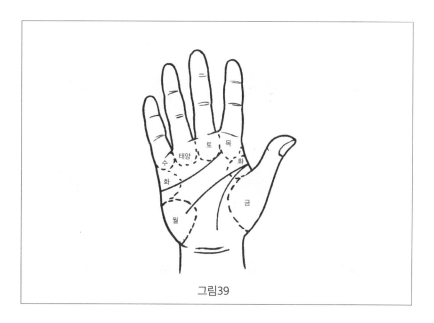

그림39

일반적으로 구릉은 부풀어 있을수록 좋다고 보는데, 목, 화, 토, 금, 수, 태양, 월구의 구릉이 모두 부풀어 있으니 건강과 재운이 모두 왕성하다고 보며, 화성평원이 그들의 기를 고루 흡수해서 안정을 유지해 주기 때문에 두 집 아니라 세 집 살림을 하더라도 충분히 버텨낼 수 있는 것이다.

물론 첩을 둔다는 것은 그만큼 정이 풍부하다는 뜻이기 때문에 감정선이 고리를 이루고 있거나 이중감정선 또는 결혼선이 금성대와 이어져 있어야 원만하게 리드해 나갈 수 있다고 본다. (그림40)

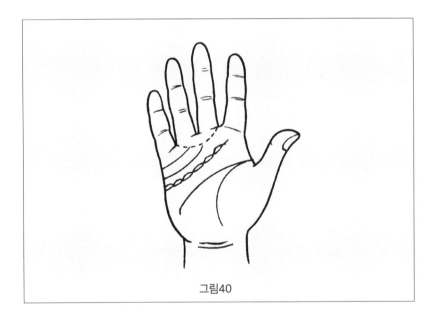

그림40

24) 배우자를 사별하게 될 수상 (그림41 참조)

결혼한 배우자와 사별하게 되느냐 아니냐는 결혼선과 감정선을 보고 판별한다.

A처럼 결혼선에서 뻗어나와 아래로 향한 지선이 여러 개 있다거나 결혼선이 아래로 휘어 감정선과 이어져 있는 수상, 또는 감정선의 기점에 섬이 있는 경우에는 몸이 허약한 배우자를 만나게 될 상으로 본다.

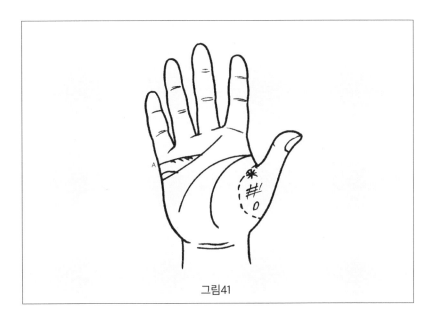

그림41

부부가 살다 보면 언젠가 사별하게 되는 것은 당연한 일이지만, 여기에서는 40대 중반 전까지의 의미이다.

만약 이런 수상을 가진 사람의 금성구에 별무늬가 있다면 재혼을 해서 잘 살게 되지만, 별무늬가 아닌 섬으로 흐트러진 지선이 많은 경우에는 재혼한 뒤에도 또 다른 갈등으로 심리적 불안이 끊이지 않을 상으로 본다.

25) 정력이 강한 남자, 애무가 능숙한 남자

정력이 강한 남자인지 아닌지는 금성구와 엄지손가락을 보고 판단한다.

금성구의 살집이 풍만하고 엄지손가락이 튼튼한 남자는 정력적이며 성적인 면에서 강인한 체력을 가지고 있다.

애무가 능숙하다는 것은 정력과는 또 다른 문제다. 여자를 다루는 솜씨가 뛰어나다는 뜻이며, 당연히 여자를 아름답게 보는 심미안이 발달되어 있어야 하기 때문에 이것은 월구를 보고 판단한다.

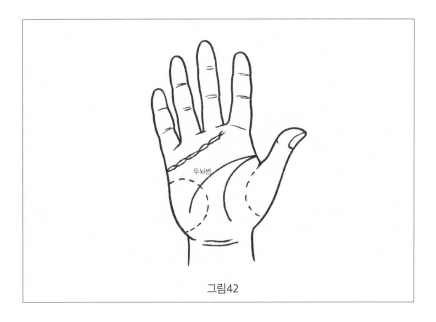

그림42

월구가 두툼하고 두뇌선이 월구까지 뻗어 있으면(그림42) 여자를 다루는 기교가 뛰어나다고 보는데, 게다가 감정선이 고리를 이루고 있다면 더할 나위 없는 섹스의 예술가라고 말할 수 있다.

물론 여자에게 가장 좋은 남자의 수상은 월구와 금성구가 함께 잘 발달되어 있는 것이지만, 그 중의 하나만을 갖추고 있는 남자라면 어느 쪽이 더 나을까? 그건 독자의 판단에 맡기기로 하자.

2. 수상과 재산운

금전운과 관계가 있는 것은 금성구와 태양선, 태양구 등이라고 했다. 하지만 그것은 기본적인 요소들이고 여기서는 재운선과의 조화를 보고 확실한 재산운을 타진해 보기로 하자.

물론 가로와 세로로 달리는 지선이나 끊어진 상태, 별무늬, 섬무늬 등도 중요한 판단 자료가 되며 오대선의 모습도 간과해서는 안 되는 부분이다.

우선 기본적인 것부터 하나하나 판별해 가며 특이한 수상들을 살펴보기로 하자.

1) 큰 재산가가 될 수상 (그림43 참조)

　재산운의 중요 포인트가 되는 재운선은 제1부에서 설명했듯이 새끼 손가락 아래의 수성구에 세로로 나타나는데, 재산운은 이 재운선을 중심으로 운명선과 태양선을 비교·관찰하여 판단한다.

　수성구 위에 뚜렷한 재운선이 한 가닥, 확실하게 나타나 있으면 사업가로서 큰 성공을 거둘 수 있다.

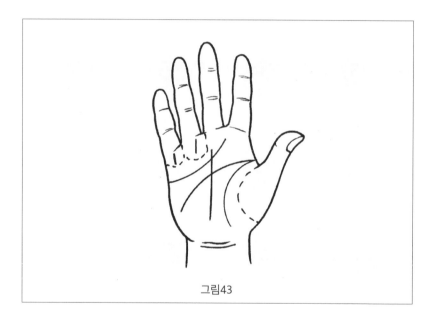

그림43

일반적으로 수성구 위의 재운선은 눈에 보이는 유형의 재산을 나타내고 태양구 위에 나타나는 태양선은 무형의 재산을 나타내는데, 재운선과 함께 태양선도 나타나 있으면 유형·무형의 재산을 모두 소유할 수 있다고 보며, 두 선이 뚜렷하고 흠집이 없으며 금성구가 두툼하면 많은 부동산을 소유할 수 있는 길상으로 본다. 물론 태양구와 수성구의 살집이 도톰하게 부풀어 올라 있어야 한다.

금성구의 살집이 두툼하고 혈색이 좋으면 다른 선들이 나쁘다 해도 기본적인 식복은 타고 난 것으로 보며, 재운선과 태양선을 갖추고 두뇌선과 운명선이 뚜렷한 경우에는 재벌이 될 상으로 본다.

2) 재산운이 없는 수상 (그림44 참조)

재산운이 없는 수상은 재운선이나 태양선이 끊어져 있거나 희미하거나 선 위에 섬이 있거나 가로선에 의해 끊어져 있는 경우이며, 선이 구부러져 있는 경우도 이에 속한다.

이런 수상은 뭔가 일이 될 듯 하다가도 도중에 막혀서 포기하게 되며, 만약 약간의 재산을 모으면 집안에 우환이 생기는, 재산운과는 인연이 희박한 상이다.

재운선에 섬이나 십자무늬가 있으면 손해가 많고, 태양선에 섬이나 십자무늬가 있으면 명예실추나 구설에 오르기 쉽다.

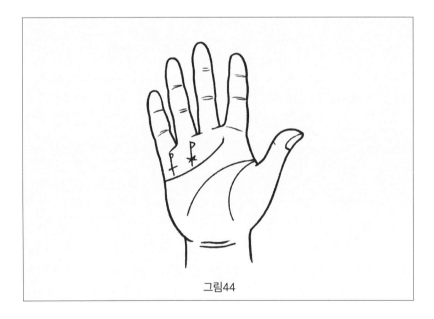

그림44

3)금전 혜택을 타고난 수상 (그림45 참조)

재운선과 태양선이 재산운을 좌우한다고 말했는데, 이 두 선이 위치한 곳을 장중팔괘법(掌中八卦法)에 비추어 보면 곤궁(坤宮)에 위치한다는 것을 알 수 있다. 즉, 이곳이 도톰하게 부풀어 올라 있고 재운선과 태양선이 뚜렷하게 나타나 있는 사람은 금전감각이 뛰어난데, 운명선도 곧게 뻗어 있다면 금전 혜택을 타고난 사람으로 본다.

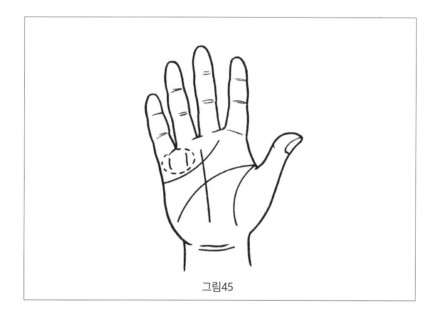

그림45

만약 이런 수상에 재운선만 있다면 돈을 잘 들어와도 씀씀이가 헤퍼서 쉽게 나가게 되고, 태양선만 있다면 배운 것도 많고 재주도 많지만, 실질적인 돈이 들어오지 않는다고 본다. 즉, 두 선을 함께 갖추어야 음양의 조화를 이루어 풍성한 혜택을 누릴 수 있다고 보는 것이다.

4) 자주성가할 수상 (그림46 참조)

우선 자수성가할 사람은 목성구, 태양구, 수성구가 도톰하게 부풀어 있다. 그리고 막쥔 손금을 가진 사람은 물질욕이 강하고 신경질적이며 다른 사람과 어울리기 싫어하는 성격의 소유자다.

막쥔 손금은 많은 재산을 모을 상으로 보지만, 길상으로만 보지 않는 이유는 물질욕이 강한 만큼 인간성이 결여되어 있는 탓에 행복한 인생을 보낸다고는 말할 수 없기 때문이다.

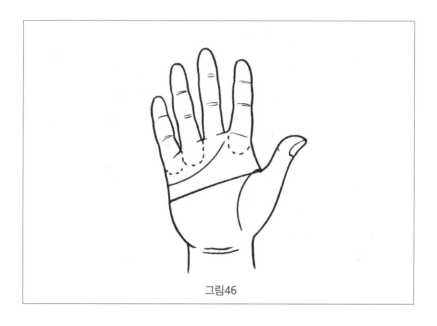

그림46

또한 그림47처럼 감정선이 수성구에서 시작되어 짧게 끝나는 사람
도 돈을 위해서는 수단과 반복을 가리지 않는 수전노로, 돈을 넣기 전
까지는 순진한 척 고개를 숙이지만, 일단 목적을 달성한 뒤에는 언제
보았냐는 듯이 등을 돌린다. 감정선이 이런 모습인 경우에는 돈 뿐 아
니라 애정 문제에서도 이기적인 욕심을 부리는 사람이니 가능하면 깊
은 관계를 유지하지 않는 것이 좋다. 그러나 자수성가하게 될 수상인
것은 틀림없다.

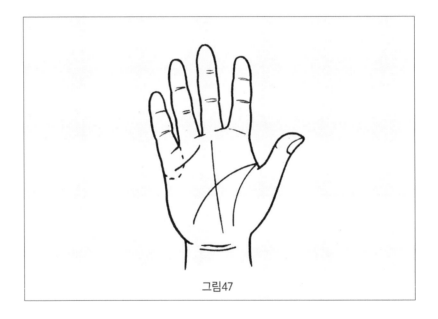

그림47

5) 생활력이 없는 수상

그림48처럼 두뇌선이 계속 끊어졌다 이어지는 모습을 반복하고 있는 사람은 생활력이 없으며, 이것저것 손을 많이 대도 실질적인 직업은 한 가지도 제대로 갖지 못할 상이다.

또 두뇌선이 짧든가 도중에 크게 끊어져 있는 사람도 다른 사람의 윗자리에 앉아 지시를 내리는 일에는 적합하지 않다.

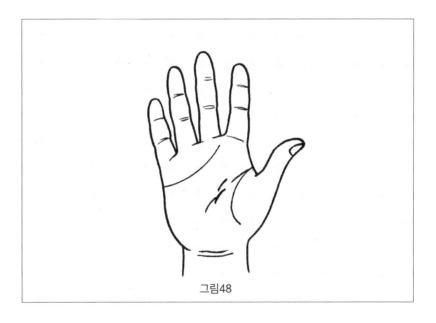

그림48

6) 승부에 강한 수상

도박을 좋아하는 사람은 우선 엄지손가락을 세워 뒤로 젖혔을 때 손톱에 있는 첫째 마디가 거의 90도 각도로 젖혀지는 특성을 가지고 있으며, 약손손가락과 가운데손가락의 길이가 거의 비슷한 경우에도 도박을 좋아한다고 본다.

그렇다면 승부에 강한 수상은 어떤 것일까.

이런 사람은 금성구가 풍만하고 태양구도 발달되어 있어서 두뇌가 명석하며 밝은 성격에 직감력도 뛰어나다. 이성이 갖추어져 있어서 아부를 싫어하며 낭비벽이 심한데, 도박도 좋아하는 편이다.

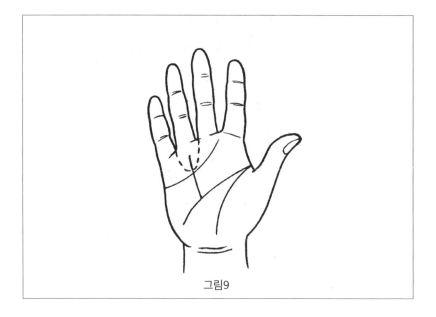

그림9

그림49처럼 두뇌선에서 뻗어오른 지선이 태양구를 향하고 있는 사람은 머리를 써서 돈을 버는 능력이 뛰어나고, 그림50처럼 두뇌선에서 뻗어오른 지선이 수성구의 재운선과 이어져 있으면 승부에 강한 사람이다.

그러나 아무리 승부에 강한 운세를 타고났다 해도 한번의 실수로 패가망신하는 것이 도박이니 약손가락이 길거나 엄지손가락이 뒤로 한껏 젖혀지는 사람은 도박을 조심하는 것이 좋다.

또한 약손가락이 짧거나 태양구가 빈약한 사람, 재운선과 수성구가 빈약한 사람은 아예 도박에 손을 대지 않는 것이 좋다. 두뇌선이 끊겼을 경우에도 마찬가지다.

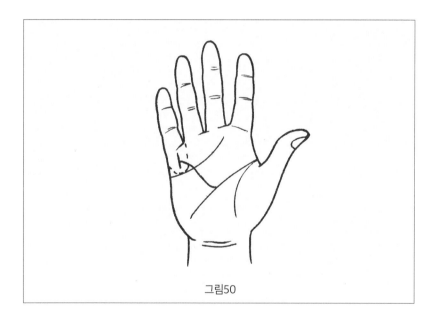

그림50

3. 수상으로 보는 당신의 능력

　능력이라는 것은 사회생활에서 볼 때 결국 직업운과 출세운을 가리키는 것이며, 이것은 두뇌선과 운명선이 기초자료가 되고 야심선과 인기선이 보충자료가 된다.

　야심선이 뭔가 이루고자 하는 의욕을 나타낸다는 것은 이미 설명한 바 있지만, 이 야심선이 없을 경우에는 다른 사람의 윗자리에서 군림하기는 힘들다.

　여기에서는 이 선들의 조화를 통해 당신의 능력을 알아 보기로 하자.

1) 성공할 수 있는 수상

그림51처럼 손목선 바로 위에서 가운데손가락 아래의 토성구를 향해 힘차게 뻗어 있는 운명선은 남성적인 강인함을 나타내며 통솔력과 실천력이 강하고 자기 주장이 뚜렷한 사람에게서 볼 수 있다. 즉, 정치가나 훌륭한 지도자가 될 수 있는 수상이며, 일반직에 종사하더라도 성공을 거둘 수 있다.

또한 힘찬 운명선과 함께 태양선도 힘차게 서 있으면 명성도 함께 얻을 수 있으며 재운선도 함께 보이면 부귀영화를 누릴 상이다.

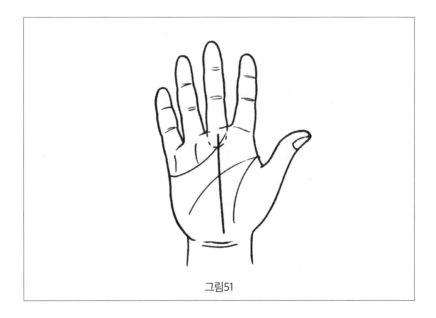

그림51

그림52처럼 생명선에서 뻗어 오른 운명선이 힘차게 토성구로 이어져 있으면 끊임없는 노력에 의해 성공을 거두게 되며, 그림53처럼 월구에서 뻗어 오른 운명선이 토성구를 향해 있으면 다름 사람의 도움이나 인기에 힘입어 성공을 거두게 된다.

여자가 이런 운명선들 중의 하나를 가지고 있으면 남자 못지않게 사회활동을 하게 되며, 만약 무능한 남편을 만나게 될 경우에는 이혼할 가능성이 높다.

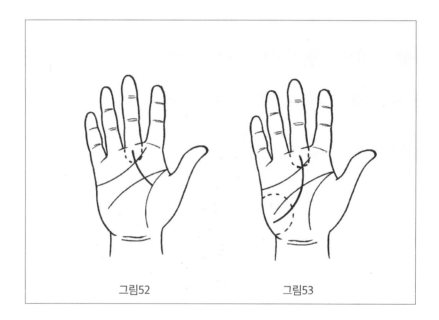

그림52   그림53

2) 리더가 될 수 있는 수상

다른 사람들의 리더가 되어 출세를 할 수 있는지 없는지는 야심선을
보고 판단한다.

일반적으로 목성구가 도톰하게 부풀어 오른 사람은 자존심이 강하
고 야심가이며 지배하기를 좋아한다. 이런 사람에게 야심선이 뚜렷이
나타나 있다면 리더로서 성공할 수 있지만, 만약 야심선이 없다면 쓸데
없는 불뚝성이로 끝나는 경우도 있다.

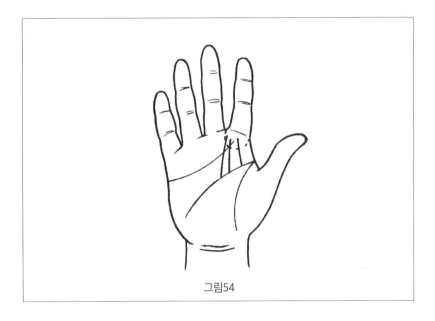

그림54

그림54처럼 생명선 위에서 출발한 야심선, 두뇌선 위에서 출발한 야심선, 또는 독립된 야심된 있다면 남에게 지기 싫어하고 끊임없이 노력하는 자신의 성격을 잘 활용해서 멋진 리더로 성공할 수 있다.

또한 집게손가락이 유난히 긴 사람도 남을 지휘할 입장에 서게 된다.

그러나 목성구가 얄팍하고 야심선이 없으면 가운데손가락이 휘어 있는 사람은 노력이 부족하고 재주도 없으며 의타심이 강해서 힘겨운 인생을 살게 된다.

생활력이 강한 사람에게는 세로선이 많고 선들이 뚜렷하며, 생활력이 약한 사람에게는 가로선이 많고 희미한 선들이 복작하게 얽혀있다.

3) 직업이 자주 바뀌는 수상

직업과 운명선이 뗄 수 없는 관계지만, 운명선이 없다고 해서 그 사람의 운세가 나쁘다고는 말할 수 없다.

또한 운명선이 있다 해도 힘찬 줄기 위에 가지가 돋아나듯이 위로 뻗친 지선이 많이 있어야 좋다고 보며, 운명선이 휘어 있거나 끊겨 있는 경우, 또는 가로선에 의해 방해를 받고 있는 경우에는 그다지 좋다고 볼 수 없다.

그림55처럼 운명선이 여러 군데 끊겨 있는 사람은 안정된 직업을 가지지 못하며 변화가 많은 생활에 시달려야 한다.

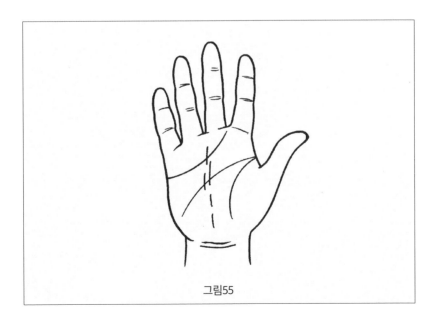

그림55

4) 행정·사무직에 어울리는 수상

그림56처럼 생명선에 뻗어 오른 두 줄기의 운명선이 나란히 두뇌선을 지나가면 상당히 노력가이며 기획 능력이 뛰어나 사무직이나 행정직에 어울린다. 또 두 개의 운명선 중의 하나가 가운데손가락 아래의 토성구까지 뻗어 있으면 말단사원으로 시작해서 중역으로까지 승진할 수 있는 길상이다.

여자인 경우에도 이런 운명선을 가지고 있으면 뚜렷한 직업을 가지고 멋진 사회활동을 할 수 있다. 하지만 운명선이 흐트러져 있거나 끊어져 있으면 성공을 하기까지 많은 고난이 따른다.

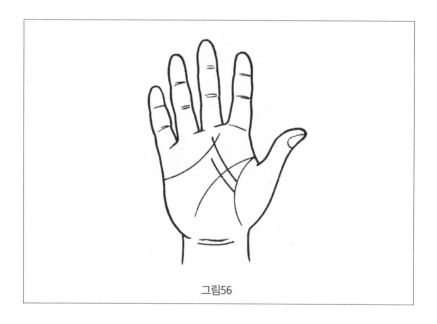

그림56

5)연예인이 될 수상

탈런트나 가수, 영화배우 등의 인기 직업에 종사할 수 있느냐 없느냐 하는 것은 월구의 인기선을 보고 판단한다.

그림57처럼 두뇌선이 월구까지 길게 뻗어 있거나 태양선이 두뇌선에서 출발하여 힘차게 뻗어 있거나 월구에 나타난 인간선이 태양선과 이어져 있으면 일단 인기 직업에 종사할 수 있는 수상으로 본다. 이 중에서 두 가지 이상의 수상을 가지고 있을 경우에는 그 직업에서 성공할 가능성이 크다고 보며, 세 가지를 모두 갖추었을 경우에는 억대의 스타덤에 오른다고 판단한다.

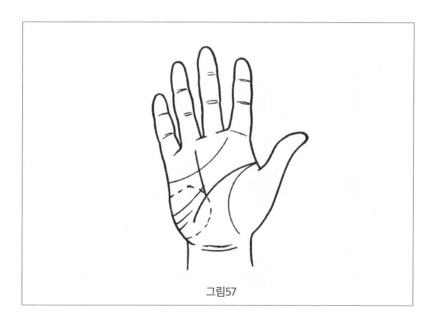

그림57

6) 영업직이 어울리는 수상

영업직에 종사하는 사람들은 명랑하고 어기찬 성격을 가지고 있어야 낯선 사람과의 대화에서도 자연스럽게 리드해 나갈 수 있다. 이런 사람들은 금성구가 두툼하고 엄지손가락이 굵직한 모습을 하고 있어야 기본을 갖추었다고 볼 수 있으며, 그림58처럼 재운선이 발달되어 있으면 실적을 잘 올릴 수 있다고 본다.

또 운명선이 월구에서부터 뻗어 있든가 태양선이 월구에서부터 뻗어 있으면 영업직에서 최고가 될 수 있다.

그리고 인기선이 뻗어 나와 운명선이나 태양선과 합류되어 있는 겨우도 영업직에서 대성할 사람으로 본다.

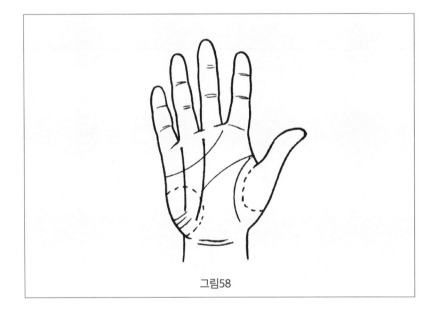

그림58

7) 사업가가 될 수상

큰 기업을 거느리려면 기본적으로 훌륭한 태양선과 뚜렷한 두뇌선 (또는 이중두뇌선), 곧은 운명선을 가지고 있어야 한다.

일반적으로 두뇌선의 기점이 생명선과 떨어져 있는 사람은 활동적인데, 막쥔 손금이거나 두뇌선이 제2화성구쪽으로 힘차게 뻗어 있는 사람(그림59)은 사업가로서 크게 성공할 상이다.

그러나 이런 두뇌선을 가진 사람들은 사업적인 능력과는 반대로 가정적으로는 운이 좋지 않고 냉정한 경우가 많다.

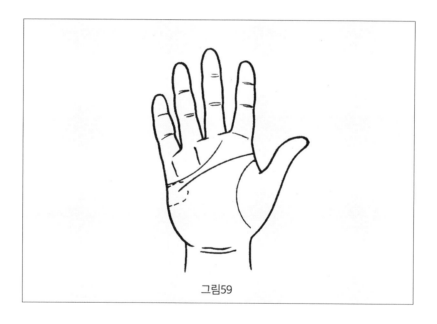

그림59

여자가 이런 두뇌선을 가지고 있으면 구설수에 휘말리기 쉽고 상대의 마음을 헤아리는 동정심이 적어서 따돌림을 당하는 경우가 많다.

그리고 사업가로서의 기본적인 수상을 갖추고 있어도 재운선과 태양선이 발달해 있지 않으면 크게 벌어 크게 잃는 격으로 겉보기만 화려하고 실속이 없는 경우가 많으니 재운선과 태양선도 함께 판단해야 한다.

8)기능직에 종사할 수상

　기능직에 종사하려면 일단 손이 두툼하고 전체적으로 단단한 느낌을 주어야 하며 금성구가 잘 발달되어 있어야 한다.

　그림60처럼 두뇌선이 일직선으로 뚜렷하게 뻗어 있으며 운명선과 힘차게 솟아 있으면 훌륭한 기능인이 될 수상이며, 태양선과 재운선까지 가세한 모습이라면 기능적으로 출발해서 사업가가 될 상이다.

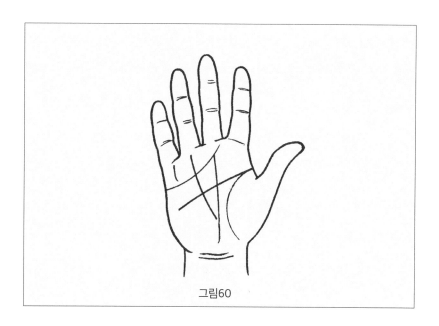

그림60

9)교육자나 지도자가 될 수상

학교 선생님이나 지도자가 될 수상은 일단 금성구와 목성구가 발달되어 있어야 한다. 그리고 다음과 같은 사항을 갖추고 있으면 각각 그 방면에서 성공할 수상으로 본다.

감정선이 뚜렷하고, 부드럽게 곡선을 그리면서 목성구까지 뻗어 있는 경우(그림61)

감정선이 목성구까지 뻗어 있다는 것은 풍부한 감정을 소유하고 있다는 뜻이며, 선이 뚜렷하다는 것은 주관이 확실하다는 뜻이기 때문에 다른 사람을 리드하거나 가르치는 일에 적합하다고 보며, 금성구와 목

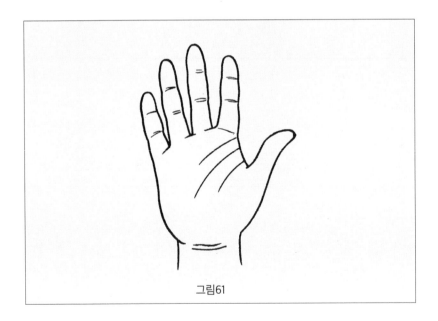

그림61

성구가 발달해 있어서 밝은 성격에 설득력이 있다고 본다. 즉, 선생님이나 지도자로서 적합한 수상이라고 말할 수 있다.

이중두뇌선이나 이중감정선을 가지고 있는 경우(그림62)

이중두뇌선은 수리력과 판단력을 함께 갖추고 있으며, 이중감정선은 편견에 치우치지 않는 성격이라고 보기 때문에 교육자나 지도자로 적합하다가 보는 것이다.

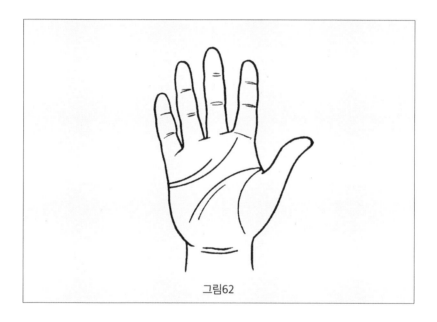

그림62

운명선이 곧게 뻗어 있으며 재운선이 나타나 있고 두뇌선·감정선도 잘 드러나 있는 경우(그림63)

결국 모든 선들이 잘 갖추어져 있다는 뜻으로 어느 한쪽에 치우치지 않는 판단과 많은 지식을 골고루 수용할 수 있기 때문에 교육자나 지도자로 적합하다고 본다.

또 집게손가락이 유난히 길거나 엄지손가락이 튼튼해도 교육자나 지도자로 어울리는 수상으로 본다.

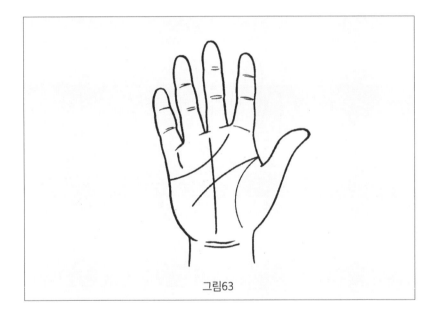

그림63

248

10) 연구직에 종사할 수상

연구직에 종사한다는 것은 집중력이 강하고 육체노동을 싫어한다는 뜻이기 때문에 우선 손 자체가 부드러운 모습을 하고 있다.

게다가 그림64처럼 두뇌선이 월구까지 길게 뻗어 있고 운명선에서 갈라져 나온 지선이 본선과 함께 토성구나 태양구까지 뻗어 있으면 끊임없는 연구·노력 끝에 이름을 떨칠 상으로 본다.

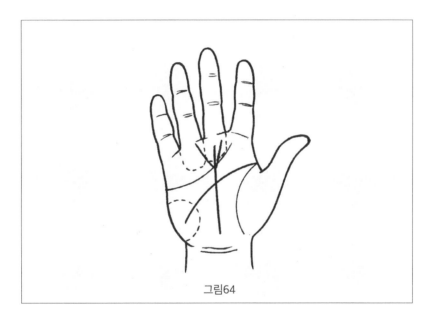

그림64

4. 수상으로 보는 질병과 죽음

사람이 인생을 살아가는 데 있어서 어떤 어려움과 고난이 닥친다 해도 이겨낼 수 없는 것은 아마 존재하지 않을 것이다. 노력이 부족할 뿐이지 끊임없는 노력만 게을리하지 않는다면 인생을 가로막는 장애는 있을 수 없다고 감히 단언할 수 있을 것이다.

그러나 병과 죽음 앞에서는 아무리 강인한 사람이라 해도 무릎을 꿇지 않을 수 없다. 사람은 누구나 한번은 죽음을 맞이하게 되어 있다. 또 여러 가지 병을 앓을 수 있다. 그 중에서 내게 부여된 만성질병은 어떤 것이며, 나는 과연 몇 살까지 살 수 있을까?

건강이나 죽음에 대한 운세를 알아보는 것은 기본적으로 생명선과 건강선, 그리고 금성구를 자료로 삼으며 이곳에 나타나는 각종 무늬를 보고 판단한다.

생명선은 5대선 중에 하나로 누구나 가지고 있다.

생명선은 일단 끊긴 곳이 없이 깊고 뚜렷하게 패어 있어야 길상으로 보며 길이는 갈수록 좋다. 생명선은 손목선쪽으로 길게 이어져 있는 경우와 금성구를 감싸고 돌아 엄지손가락 뿌리(맥박이 뛰는 곳)로 이어져 있는 경우가 있는데, 어느 쪽이든 장애선이 없으면 좋다고 본다.

일단 장수할 사람의 수상은 잔무늬가 적고 5대선(생명선, 두뇌선, 감정선, 운명선, 태양선)이 뚜렷하며, 각 구릉이 잘 발달되어 있어야 하지만, 그런 조건들이 갖추어져 있지 않다 해도 엄지손가락이 튼튼하게 잘 발달되어 있거나 손목선이 뚜렷한 사람은 나름대로 장수할 상으로 본다.

그리고 손목선 근처에서 태양구와 수성구를 합한 위치인 곤궁(坤宮: 장중팔괘법 참조)으로 뻗어 있는 건강선도 잘 살펴 보아야 하며 반드시 두 손을 비교해 보아야 한다. 남자인 경우에는 왼손이 선천적 운세, 오른손이 후천적 운세이며, 여자는 그와 반대라는 것을 다시 한번 말해둔다.

1) 생명선에 나타난 나이

생명선에 나타나는 무늬나 장애를 보고 언제 어떤 일을 당할지를 알기 위해서는 우선 생명선을 나이 별로 나누는 방법을 알아야 하는데, 정확하게 설명하기는 어려운 일이니까 대강 분류 방법만 적기로 한다.

생명선이 시작되는 기점부터 손바닥과 손목이 만나는 지점까지의 길이를 재서 9로 나누어 10살 단위로 분류하면 그림65처럼 되는데, 이 것이 생명선에 나타나는 기본적인 시기가 된다. 물론 더 정확한 방법을 적용시켜야 하지만, 이 정도라도 참착해서 대강 어느 시기에 어떤 일을 당하게 될지 짐작할 수 있는 것이다.

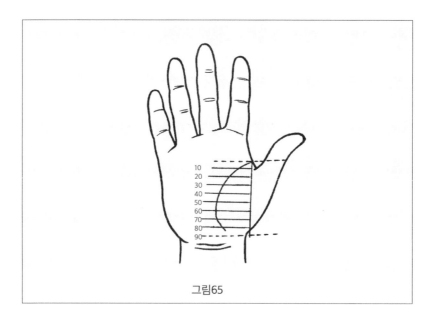

그림65

2) 뜻 밖의 사고를 당할 수상

그림66처럼 생명선 위에 별무늬나 십자무늬, 또는 섬이 나타나면 그 시기에 사고를 당할 상으로 본다.

또 생명선이 도중에 끊겨 있는 경우나 가는 선이 가로지른 경우에도 같은 뜻으로 해석한다.

생명선이 점점 가늘어지다가 끊어진 것은 늙어서 죽는다는 뜻이지만, 굵은 선이 갑자기 툭 끊어진 것은 돌발적 사고를 당한다고 해석하기 때문이다.

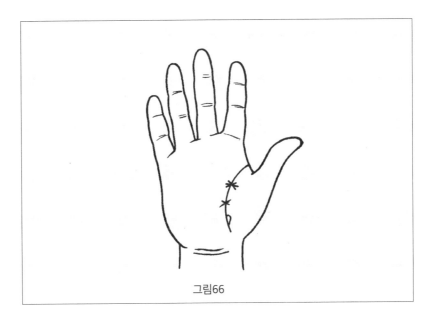

그림66

그리고 그림67처럼 건강선이 생명선을 가로지르고 있는 경우에도
그 시기에 사고를 당하게 된다고 본다.

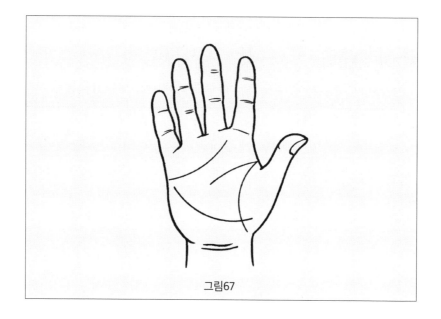

그림67

3) 건강체·허약체

건강한 체질을 타고난 사람은 손이 두툼하고 생명선이 굵고 힘차게 뻗어 있으면 금성구와 엄지손가락이 튼실하며 전체적으로 붉은 기운을 띠고 있다.

허약한 체질을 타고난 사람은 그림68처럼 생명선에서 뻗어나온 많은 지선들이 아래를 향해 뻗어 있거나 생명선 자체가 고리를 이루고 있다. 대체로 이런 수상을 가진 사람은 내성적이며 정이 많고 신경질적인 성격이며 육체적인 생활보다는 정신적인 생활에 더 흥미를 가진다.

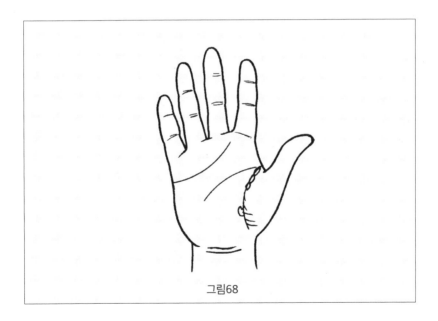

그림68

4) 장수할 수상

그림69처럼 생명선이 힘차게 뻗어 손목까지 닿아 있는 사람은 틀림 없이 장수하게 될 상이다. 물론 섬이나 무늬, 또는 끊긴 곳이 없는 경우 를 말한다.

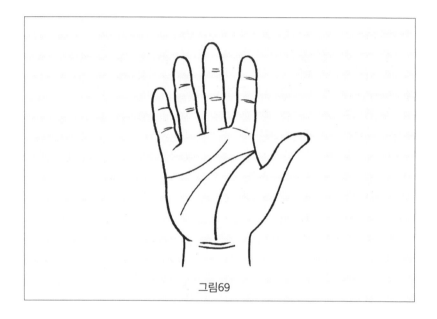

그림69

그리고 그림70처럼 생명선에서 뻗어나온 지선이 월구로 뻗어있는 사람은 내과 계통의 만성적인 병을 앓는다고 보며, 그림71처럼 생명선은 짧지만 거기에서 뻗어나온 지선이 힘찬 운명선과 합류하여 있는 경우에는 장수할 상으로 본다.

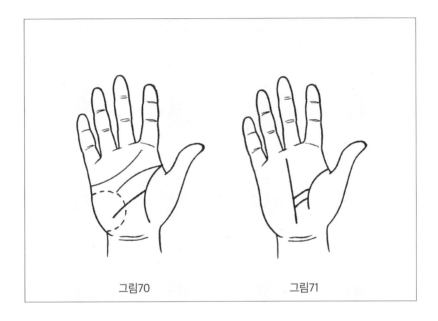

그림70   그림71

5) 큰 병을 앓을 수상

　일반적으로 장애선을 보고 질별의 유무를 판단하는데, 누구에게나 있는 희미한 작은 선을 장애선으로서 중요하게 여기지 않으며, 제법 굵직하며 힘찬 선이 가로지른 모습이었을 때 큰 병을 앓게 된다고 본다.(그림72) 물론 그 시기는 그림65를 참조하면 될 것이다. 그러나 이런 장애선이 있다 해도 생명선이 굵직하고 힘찬 경우에는 질병을 극복하고 이겨낼 수 있다. 다만 장애선이 굵고 힘차며 생명선이 가늘고 힘이 없을 경우에는 만성적인 질병으로 이어질 위험성이 많다.

　또 이런 장애선들은 질병 뿐 아니라 정신적 장애, 즉 부모·친척을 잃거나 사업의 실패, 재난 등도 의미한다.

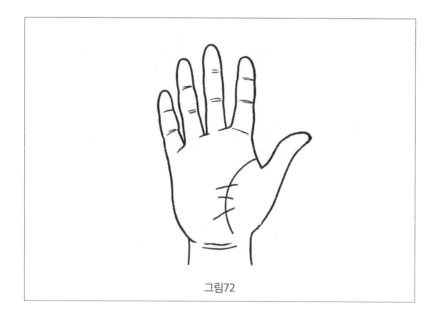

그림72

6) 나는 어떻게 죽게 될까?

그림65에 나타났듯이 사람의 수명을 생명선으로 나눌 경우 90살까
지다. 그 이유는 수상학이라는 학문이 그다지 의학이 발달하지 못한 시
기에 만들어졌기 때문일 것이다.

또 90살 이상을 산다 해도 그 시기에 병이 들면 약을 쓰기가 어렵고,
활동을 할 수 없는 나이이기 때문에 수상학에서는 그 이상을 취급하지
않는 듯하다.

그건 그렇고 나는 어떤 식으로 죽게 될 것인가? 병이 들어 죽을지,
사고를 당할지 노쇠하여 죽을지 간단히 알아보기로 하자.

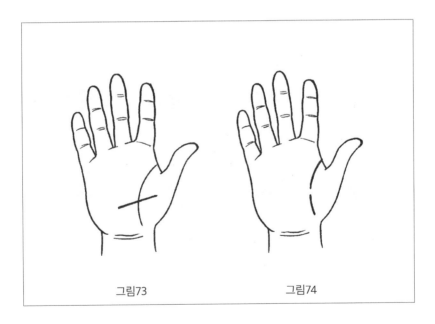

그림73   그림74

사고를 당하여 죽을 수상

생명선이 장애선에 의해 끊겨 있거나(그림73) 중간이 1센티미터 이상 끊어졌다가 다시 이어진 경우(그림74), 또는 생명선 위에 별무늬나 섬무늬가 뚜렷하게 드러나 있는 경우.(그림75)

갑작스럽게 죽을 수상 (그림76)

생명선이 굵게 이어지다가 갑자기 끊겨 있는 경우.

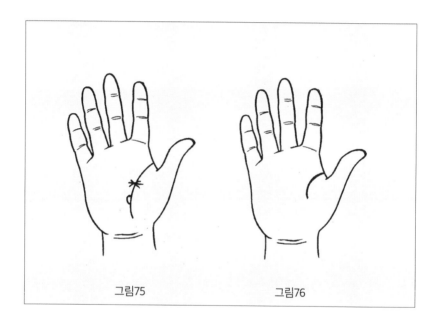

그림75   그림76

노쇠하여 죽을 수상 (그림77)

생명선이 점점 가늘어지다가 힘없이 사라지는 경우, 단, 지선이나 장애선의 방해가 없어야 한다.

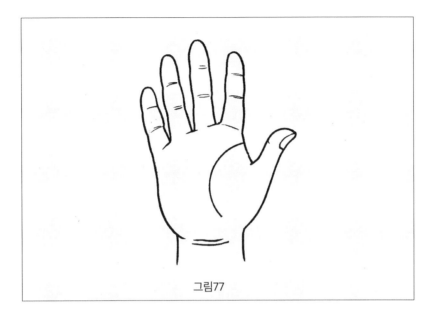

그림77

7) 만성적인 질병을 앓을 수상

금성구가 좁으며 생명선이 곡선을 그리지 않고 손목쪽으로 곧장 내려온 사람은 몸이 허약하다.

또 손이나 손가락이 가늘고 힘이 없으며 혈색이 좋지 않아 하얀색이면 심폐기능이 좋지 않다.

이런 수상을 가진 사람들은 한번 병에 걸리면 만성적인 질병으로 이어질 가능성이 높으며, 그림78처럼 건강선이 생명선을 가로질러 금성구까지 들어가 있으면 생사가 걸려 병을 앓게 될 것이다.

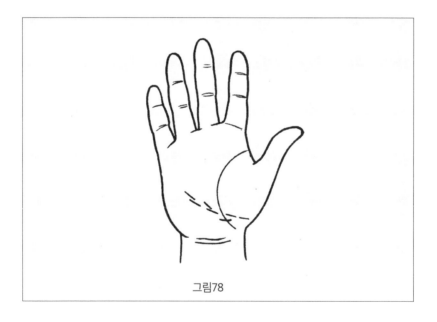

그림78

이상으로 수상학에 대해 간단히 설명을 해 보았다. 물론 부족한 점도 많이 있을 테지만 조금이나마 독자 여러분들에게 도움이 될 수 있기를 바란다.

부록
가상학

1. 가상학이란?

　수상이나 관상, 사주 등의 학문은 일반인들의 귀에 익숙한 단어일 테지만, 가상학은 낯선 느낌이 드는 사람이 꽤 많을 것이다.

　가상학은 글자 그대로 집의 모양과 생김새를 판단하는 학문이며 나가 길상(吉相)의 집, 흉상(凶相)의 집을 방위에 맞추어 꾸미는 가옥에 관한 학문으로 넓은 의미에서는 풍수지리의 한 분야로 볼 수 있다.

　기원전 2세기쯤에 중국의 성인인 복희(伏羲)씨가 <천지자연과 음양의 법칙>을 기본으로 삼아 역리팔괘(易理八卦 : 역학의 기초를 삼는 8개의 괘. 역학(易學)에서 자세히 다루기로 함)를 창시한 것이 모든 역리학의 시초라고 말할 수 있을 것이다. 그 후 대요(大僥)가 10간 12지를 고안하여 천문학의 발달과 함께 달력이 만들어지는 단서를 제공했다고 한다.

　가상학은 중국 대륙의 황하강 중류 지방의 기후 조건에 맞추어 어떻게 해야 안전하고 튼튼한 집을 지을 수 있을지 끊임없이 연구한 결과, 동양철학의 기본인 음양오행과 10간 12지를 응용 조합하여 하나의 학문으로 집대성시킨 것이다.

　앞서도 말했지만 가상학은 풍수지리의 한 분양이기도 하며, 음양오행에 뿌리를 두고 있기 때문에 근본적으로는 그 집에 사는 사람의 사주와의 관계, 풍수지리적 의미, 인체오행도(人體五行圖 : 사람의 몸에 오행을 적용시켜 질병이나 운세를 알아보는 학문)와의 관계를 함께 적용시키지 않으면 안 된다. 하지만 여기에서는 독자 여러분들의 이해를 돕기 위해 일단 <가상학>의 기본적 의미와 개요에 관해서만 쉽게 설명하기로 한다.

2. 현대적 관점에서 본 가상학

1) "삼소삼비(三所三備)"와 길흉(吉凶)

가상학에서는 "삼소삼비"를 중요한 포인트로 삼는다.

삼소란,

① 음침한 장소(그늘진 장소)

② 습기찬 장소

③ 불결한 장소

를 말하며,

삼비란,

① 화장실

② 부엌

③ 우물(수도)

을 말한다.

삼소를 예로 들어 볼 때, 쉽게 생각해 보더라도 볕이 제대로 들지 않고 통풍이 좋지 않으며 습기가 찬 불결한 장소에서 살게 되면 정신적으로나 육체적으로나 건강이 좋아질 리는 없는 것이다. 즉, 삼소에 해당하는 장소는 피하라는 뜻이다. 가능하다면 볕이 잘 들고 통풍이 좋으며 깨끗한 장소에서 사는 것이 가족의 건강이나 운세에 좋은 영향을 끼친다.

2) 직사각형과 정사각형

가상학에서 이상적인 집의 형태는 직사각형이다. 정사각형은 사람이 사는 집으로써 길상으로 볼 수 없다. 사람이 누워 있는 모습을 상상해 보면 이해할 수 있을 것이다. 또한 삼각형이나 원형으로 집을 짓는다는 것도 그다지 보기 좋은 모습은 아닐 것이다.

그리고 길상인 직사각형이라 해도 남향인 경우에 더욱 길상으로 친다. 동양운명학에서는 <음양>을 중시하는데 방위로 볼 경우 남쪽은 양, 북쪽은 음에 속한다. 밝고 건강한 양의 기운을 듬뿍받는 집이 건강과 행복을 부른다는 뜻인데, 이 또한 현대적 관점에서 보더라도 타당성이 있는 이론이라고 말할 수 있다.

밝은 집에 사는 사람이 밝은 마음을 가지게 되는 것은 당연한 이치가 아닌가. 다만 너무 음침한 것이 해가 되듯 지나치게 밝은 것 또한 길상으로만 볼 수는 없다. <집은 사람의 마음을 바꾼다>는 말이 있듯이 음과 양이 잘 조화된, 중용의 도를 갖춘 집이 가장 좋은 길상이라고 말할 수 있다.

동북쪽과 서남쪽을 예로 들어보자. 이 두 방위는 모두 부엌이나 화장실을 설치해서는 안 되는 장소다. 동북쪽은 볕이 거의 들지 않기 때문에 어둡고 습기가 많아. 여기에 부엌이나 화장실을 설치하면 배수가 좋지 않고 해충이 발생하기 쉬우며 건강과 기분도 해치게 된다.

그와는 반대 방향인 서남쪽은 동쪽에서 떠서 남쪽에 머물다가 서쪽으로 기울어지는 태양이 완전히 사라질 때까지 집안을 비추게 되어 음식이 상하거나 변질되기 쉽기 때문에 역시 부엌이나 화장실을 설치하기에는 좋은 장소가 아니다.

중용을 갖추는 것은 그래서 중요하다는 뜻이다.

3) 대가소주인흉(大家少住人凶), 소가다주인길(小家多住人吉)

"큰집에 적은 수의 사람이 살면 가산이 궁핍하게 되고, 작은집에 많은 사람이 사렴ㄴ 부귀번창하게 된다."(大家少住人凶,小家多住人吉)

집이 지나치게 크면 구석구석까지 손길이 미치기는 어렵다. 즉, 먼지가 끓고 공허하며 습기가 차게 되고 빈집과 같은 적막감이 감돌게 되는 것이다. 또한 도둑이 들기 쉬우니 불안감도 증가할 것이다. 그보다는 비록 작은 집은 작더라도 많은 가족이 모여 사는 약간 좁은 듯한 느낌의 집이 늘 활기에 넘쳐서 길상이라고 보는 것이다.

사실 커다란 집에 덩그러니 부부만 살고 있다고 생각해 보자. 넓은 고사에서 마음껏 돌아다닐 수 있는 여유 있는 공간이 나름대로 행복을 가져다 줄 수는 있지만, 그보다는 적막감과 불안감이 더 크게 작용할 것이다.

방 하나쯤 더 있으면… 하고 약간 아쉬운 기분으로 서로 살을 맞대고 사는 집에서는 빈 공간이 없다. 즉, 모든 장소에 정이 넘치는 것이다.

또 "임산부가 있는 집은 수리하지 말라."는 말도 있다. 그 이유가 뭘까?

첫째, 예전에는 임산부를 피를 보인다는 뜻에서 불결하게 생각했다. 그리고 집을 수리하는 것은 신성한 일로 생각했다. 즉, 불결한 상황에서 신성한 일을 하지 말라는 뜻이다. 하지만 이것은 현대와는 어울리지 않으니 일단 제쳐두기로 하자.

둘째, 집수리를 목적으로 하여 임산부에게 부담을 주지 말라는 뜻이 있다. 이것은 현대에도 충분히 생각할 수 있는 내용이다. 가뜩이나 몸이 무거운 임산부에게 집수리라는 부담을 주게 되면 육체적으로도 정신적으로도 힘들 것은 당연한 이치고 잘못하면 유산을 하게 될지도 모르니 그런 인정에서 나온 이유일 것이다.

셋째, 집을 수리하거나 신축을 하게 되면 충분히 건조할 때까지 습기가 떠돌게 되고 사람, 특히 임산부에게는 습기가 무서운 적이 된다. 이 습기에 관한 문제는 예전보다 현대사회가 더 큰 비중을 차지한다고 볼 수 있다. 철근콘크리트나 신소재가 많은 현대사회에서는 사람에게 끼치는 해가 예전보다 더 클테니까.

이런 내용들을 되씹어 보면 비록 과학도 제대로 발달하지 못했던 옛 시대에 만들어진 가상학이지만 얼마나 과학적이고 근거 있는 학문인지 쉽게 이해할 수 있을 것이다.

물론 <가상학>도 역리학의 한 분야이며, 흑자는 점술에 지나지 않는다는 비평을 하기도 한다. 그러나 역리학의 기본인 역학이 만들어졌을 때, 그것은 점술로써 이용되기도 했지만 윤리서로써도 이용되었다. 철학의 기본사상에서 어떻게 파생되었느냐, 어떻게 이용되느냐에 따라 점술이라도 인생의 지침서라고도 말할 수 있는 것이 아닐까. <가상학>을 점술로 평가해도 반박하고 싶지는 않다. 하지만 논리적인 해석이 뒤따른다면 한번쯤 되짚어 보고 넘어가는 것이 많은 도움을 가져올 것은 틀림없다.

3. 가상반(家相盤)으로 길흉을 판단하다

    가상학은 하루아침에 터득할 수 있는 것은 아니다. 가상학은 한마디로 말해서 "방위에 의해 방과 가재도구의 위치를 판단해서 길흉을 판단하는 운명학"이라고 표현할 수 있다. 하지만 앞서도 말했듯이 그 집에 사는 사람의 사주 등도 고려해서 판단해야 하기 때문에 깊이 들어갈수록 어려운 학문이라고 말할 수 있을 것이다. 어쨌든 여기에서는 일반인들도 쉽게 이해할 수 있도록 가상의 기본을 다루기로 하자.

家相盤

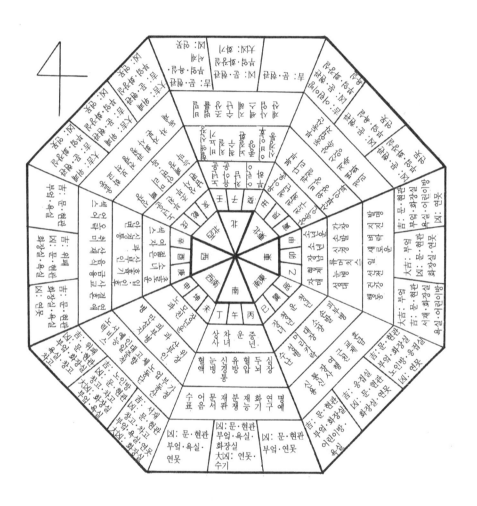

그림1 24 방위의 길흉표

1) 집의 중심점을 찾는 방법

우선 정확한 도면을 그리기 위해 방안지(눈금종이)와 연필, 자를 준비한다. 그리고 집의 도면을 비교해가며 정확하게 중심점을 찾는다.

기본적으로는 집의 네 귀퉁이를 서로 대각선으로 연결해서 그 대각선들이 교차하는 곳이 중심점이 된다. 물론 복잡한 도면도 많이 있지만 여기에서는 기본적인 현태만을 다루었다. 그리고 한쪽 길이의 3분의 1이 되지 못하는 돌출 부분과 함몰 부분은 집의 본체로 인정하지 않는다.

가능하다면 이 중심점이 집안에서 가장 큰방(안방, 또는 거실)에 오는 것을 길상으로 본다. 다시 말해서 중심점이 복도나 계단, 기중, 벽 등에 있는 것은 흉상으로 보는 것이다.

중심점이 잡혔으면 집의 정면에서 뒤쪽을 향해 중심세로선을 긋는다.(그림참조) 집뿐만 아니라 대지까지 완전하게 그어야 하는데, 이 중심점 위에 화기(火氣 : 불의 기운, 가스관, 난로 등)나 수기(水氣 : 물의 기운, 수도관, 연못 등)가 오면 중심을 가르는 형국이 되어 흉상으로 본다. 그런 경우에 어느 것에 어떤 흉한 일이 일어나는지는 가상반을 참조하면 된다.

중심선까지 그었으면 이제 <가상반>을 이용할 차례다. 가상을 판단하는 데 절대적으로 필요한 것이 이 <가상반>이다. 동서남북을 팔방으로 분류하면 각각 45도가 되는데 이것을 다시 3으로 나누어 한 방위가 15도씩 모두 24방위가 되도록 만든 것이 가상반으로 가능하면 도면이 내비치는 투명한 판을 사용하는 것이 좋다.

275

일단 <가상반>의 중심과 도면에서 찾은 중심점을 일치시킨 뒤에 북쪽 방향과 <가상반>의 북쪽 방향을 정확히 맞춘다. 가상반이 없는 경우에는 도면에 직접 24방위를 그리면 된다.

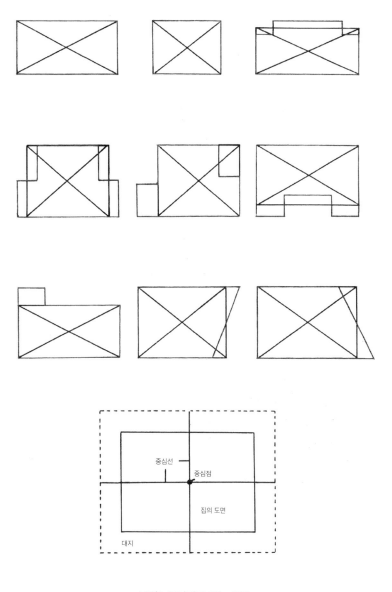

그림2 중심점을 찾는 방법

2) <돌출>과 <함몰>의 길흉 판단법

　"방배치의 길흉"에 들어가기 전에 먼저 "돌출과 함몰"의 길흉에 대해 알아보자. 그 이유는 방의 배치보다 건물 자체의 모습이 더 중요시되기 때문이다.

　<돌출>이란 건물이나 토지의 일부가 튀어 나온 곳을 말하는 것으로 보통 한쪽의 3분의 1 이하가 튀어나온 경우를 가리킨다. 물론 직사각형을 이루고 있는 것이 가장 좋은 길상이라고 하지만, 그다지 균형을 무너뜨리지 않는, 적당한 돌출은 오히려 미적감각이 있다 해서 길상으로 친다. 집의 형태에 따라서는 일부러 돌출 부위를 설계하기도 한다. 다만 너무 많은 돌출은 오히려 함몰을 의미하게 되니까 주의해야 한다.

　<함몰>이란 건물이나 토지의 일부가 들어가 있는 곳을 말하는 것으로 대부분 결점이 되며 실패나 고생을 의미하는 흉상으로 본다.

　집은 인체와 비유되기도 한다. <돌출>이나 <함몰>이 없는 직사각형의 집은 인체가 완벽하게 갖추어져 있는 것으로 보며 <돌출>이 있으면 손발이 잘려나간 것으로 본다. 그리고 앞서 말했듯이 남향의 직사각형 집이 좋다는 이유는 사람이 태양을 바라보고 버티고 서 있는 모습과 비교하기 때문이다.

　흔히 "건방(乾方)과 손방(巽方)의 돌출은 길상"이라고 해서 현관이나 부엌을 돌출시키기도 하는데, 이것은 동남쪽으로 왼발을 내딛고 서북쪽으로 오른발을 버티고 선 강한 힘을 나타내는 이치 때문이다. 물론 문은 남쪽을 바라보는 모습이다.

　또 전문가에 따라서는 옛 기상학에서는 취급하지 않지만 현대의 가

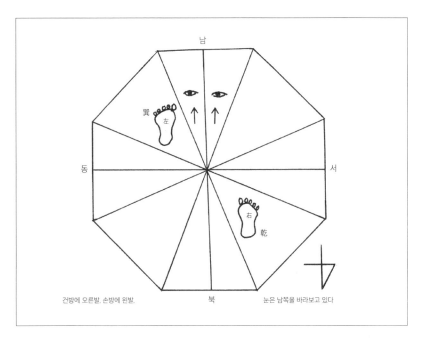

그림3 건방과 손방의 돌출은 길상

상학에서는 계단이나 엘리베이터도 <함몰>로 보아야 한다는 사람도 있다. 즉, 집의 한가운데에 계단이나 엘리베이터가 있으면 인체에 구멍이 뚫린 것과 같은 이치라고 보아 흉상이 되는 것이다.

<돌출>과 <함몰>의 길흉에 관해서도 <가상반>을 참조하면 쉽게 알 수 있지만 <돌출의 길상>과 <함몰의 흉상>에 관해서는 특별히 따로 해설해 두고자 한다.

<돌출의 길상>

동쪽의 돌출

가정 전체에 진취적인 기운이 넘치고 아이디어가 만발해서 금전·명예운이 따른다. 하루아침에 인기인이 되는 것도 꿈이 아니다.

동남쪽의 돌출

사회적인 신용도가 서서히 증가해서 교섭과 거래가 늘고 지위와 권력이 상승한다. 행운을 부를 운세.

남쪽의 돌출

늘 다른 사람의 위에서 리더로서 활약할 수 있을 것이다. 특히 학술적 분야나 관직에서 명성을 얻게 될 것이며 적극정과 행동력이 증가할 길상이다.

서남쪽의 돌출

현모양처가 나타날 운세, 남편은 아내덕에 행복해질 수 있고 사위나

며느리를 맞이해도 좋은 사람이 들어오는 길상.

서쪽의 돌출

주위에 기쁜 일이 많이 일어나고 특히 금전과 음식이 풍요로워진다. 이성에게도 인기를 얻을 운이지만, 자제심을 잃으면 스캔들에 휘말리기 쉬우니 조심할 것.

서북쪽의 돌출

사회적 명예와 재물운이 따를 길상. 문무양면에서 모두 뛰어난 실력을 발휘하게 된다.

북쪽의 돌출

자손이나 부하직원 중에서 뛰어난 인재가 배출되어 기반이 튼튼해진다. 또 표면적으로 드러나지 않는 부수입이 늘어난다.

동북쪽의 돌출

재물운이 좋아서 축재에 열을 올리는 것은 좋지만 지나친 욕심은 문제를 일으킬 수 있으니 조심해야 한다. 가능하다면 동북쪽은 돌출도 함몰도 없이 편평한 것이 가장 좋다.

<함몰의 흉상>

동쪽의 함몰

가장의 기력이 쇠퇴하거나 발전이 부진하게 되고, 가족간의 불화가 끊이지 않으며 유대 관계가 약해진다.

동남쪽의 함몰

뜻 밖의 누명을 쓰게 되거나 오해를 받아 신용을 잃게 되며, 장사를 할 경우에는 손님이 줄고 직장인이라면 대인 관계가 불편해진다.

남쪽의 함몰

잘난 체하는 성격 때문에 주위의 비판을 받게 된다. 일상생활에서도 보증이나 화재 등의 돌발적인 문제가 자주 일어나며 소송에 휘말릴 수도 있다.

서남쪽의 함몰

가업이 쇠약해지거나 부동산으로 인하여 문제가 발생한다. 임신을 하면 유산되기 쉽고 위장병 때문에 고민하는 사람이 발생한다.

서쪽의 함몰

낭비가 심해서 가계가 기울어질 운세. 가족들이 서로 자기의 이익만 추구해서 가정의 평화가 무너진다. 딸이 가출하는 일도 일어나기 쉽다.

서북쪽의 함몰

윗사람에게 반발하고 반항하는 일이 많아서 손해를 초래하게 된다. 가장도 확고한 의지나 결단력이 없어서 부하나 자식에게 주도권을 넘겨주이 집안 전체가 균형을 잃게 된다.

북쪽의 함몰

도난이나 사기를 당하기 쉽고 상속 때문에 문제를 일으킬 우려가 있다. 또 환자가 끊이지 않고 이성 문제가 발생해서 기운이 기울어지게 된다.

동북쪽의 함몰

뒤를 이을 후계자가 없고 재산 문제로 집안이 시끄러워진다. 대인 관계도 원만하지 못해서 친구와의 분쟁도 자주 일어나 모처럼 주어진 기회도 제대로 활용하지 못하고 놓치게 되는 경우가 많다.

이 밖에도 방위에 의한 기상학에는 <대충(對沖)>이라는 말이 있는데, 즉 그 방위와 정반대쪽인 방위도 깊은 관계를 가지고 있다는 뜻으로 예를 들면 북쪽과 <대충>하는 남쪽에 <돌출>이 있으면 북쪽과 남쪽이 모두 돌출되어 있는 형국으로 보여 바꾸어 말하면 동쪽과 서쪽이 <함몰>되어 있다는 뜻이 되는 것이다. 또 다른 의미로는 북쪽이 <돌출>되고 남쪽이 <함몰>되어 있을 경우 북쪽의 <돌출>에 의한 길상이 빛을 잃는다고 보기도 한다.

이 <대충>은 모든 방위에 적용되니까 <돌출>과 <함몰>은 신중하게 판단해야 할 필요가 있다. 돌출과 함몰의 길흉은 건물 뿐 아니라 대지에도 나타나는데 일반적으로 건물쪽이 7, 대지쪽이 3의 비율로 운세를 표현한다고 본다.

3) 방의 배치에 의한 길흉 판단법

가상학이라고 하면 우선 방의 배치도를 떠올리게 된다. 그만큼 중요하다는 뜻일 게다. 방의 배치에 관한 길흉은 24방위를 기본으로 판단한다. 여기에서는 <가상반>을 이용하여 간단히 알아볼 수 있는 방법을 소개하겠다.

우선 <가상반>을 보면 24방위로 나뉘어진 다음, 원을 그리듯 연이어 팔각형이 그려져 있는데, 이것은 안쪽에서부터 바깥쪽을 향하여,

① 관계가 깊은 인물

② 관계가 깊은 신체의 부분

③ 관계가 깊은 일상생활

④ 관계가 깊은 방의 배치

라는 순서로 이루어져 있다.

가장 안쪽에는 팔방위를 나타냈고, 그 바깥쪽은 10간 12지와 팔괘 중 사괘인 건(乾), 간(艮), 손(巽), 곤(坤)이 표시되어 있는데, 10간 중에 무(戊)와 기(己)는 오행상 토(土)를 상징하여 중앙을 뜻하기 때문에 표시되지 않았다. 음양오행과 팔괘, 10간 12지는 나중에 자세히 설명하기로 하고 여기에서는 <가상학>에서 필요한 부분만 우선적으로 다루어보자.

만약 방의 배치가 길상이라면 당연히 좋은 일이 일어날 것이고, 흉상이라면 당연히 나쁜 일이 일어날 것이다. <가상반>에 표시되어 있지 않은 것은 길흉을 판단하지 않는 평범한 방위로 보면 된다. 예를 들면 남쪽의 오(午)의 방위에 냉장고나 냉방 장치, 연못이 있으면 흉상이라는

뜻이 되며, 중년에 심장병이나 혈압이상(뇌졸중 같은)이 일어나기 쉬우며 화재를 당할 우려가 있다는 판단하는 것이다.

앞서 소개한 <대충>의 이론도 적용시켜야 한다. 어느 방위가 길하거나 흉하면 정반대쪽의 방위에 속해 있는 사항들도 같은 효과를 나타낸다는 뜻이다. 예를 들면 남쪽의 午방위에서 볼 수 있는 연못의 흉상은 북쪽의 子방위에 속해 있는 노이로제, 신장병, 하반신의 병, 또는 수난(水難)을 당한다고 해석하는 것이다. 특히 수난이나 화재, 현관이나 문 등은 <가상학>에서 매우 중시하는 요소들이니까 주의해서 볼 필요가 있다.

4) 길흉의 발생 시기는?

주거지는 사람의 마음을 바꾼다고 한다. 사람은 누구나 선천적인 운세를 가지고 있지만 그 사람이 어떤 집에 사느냐에 따라 후천적인 운세가 바뀔 수 있다는 뜻이다. 즉, 집은 그곳에 사는 사람과 하나로 동화, 또는 합일되기 때문이다. 길상이라면 건강, 행복, 발전이 있을 것이며, 흉상이라면 질병, 재해, 불행이 있을 것이다.

그렇다면 그 길흉화복은 어느 시기에 나타나는가? 길운이라면 빨리 나타날수록 좋을 것이고 흉운이라면 늦게 아니, 아예 나타나지 않는 것이 좋을 것이다. 물론 몇 월 며칠에 길흉이 발생한다고 말하기는 곤란하다. 가상학자들의 일반적인 통계에 의하면 빠른 경우에 4, 8, 12개월이면 나타나고, 늦은 경우에는 4, 8, 12년의 단위로 나타난다고 한다. 그 이유는 4방위를 기본적으로 하여 오행이 순회하는 시기라고 보기도 하는데, 어쨌든 더 정확한 판단은 그 집에 사는 사람의 사주와도 비교해서 판단할 일이다.

4. 반드시 피하고 싶은 흉상들

1) 지형이나 자세에도 길흉이 있다

가상의 이론서 중에는 이런 말들이 있다.

"술해방(戌亥方 : 서북쪽)에 작은 언덕이 있고 진사방(辰巳方 : 동남쪽)에 연못이나 늪이 있어서 집을 감싸고 돌면 먼곳으로부터 복과 덕을 불러들여 만사대길, 재화가 만발하며 동남쪽에서 운세를 일으키고 서북쪽에서 황금을 축재하는 길상이다."

"북쪽에 큰산이 있고 남쪽에는 멀리 병풍 같은 산이 있으며 동쪽에는 물이 흐르고 서쪽에 도로가 있는 집은 수복이 넘치며 부귀영달할 길상이다."

이 말들은 모두 대지의 중요성을 구체적으로 설명한 것이다. 즉, 지형이나 지세를 논한 것이다.

집이 뿌리를 내리고 있는 것은 모태라고 말할 수 있는 대지니까 지형·지세가 중요한 것은 말할 나위가 없을 것이다. 일반적으로 볼 때 볕이 잘 들고 통풍이 좋으며 살기에 편한 것이 주거지로서의 조건일 것이다.

어쨌든 대지의 형태는 가장 좋은 것이 직사각형이다. 더구나 남향에

도로와 인접해 있다면 그보다 좋은 길상은 없다고 본다.

또 <종형비(縱形備)>와 <횡형비(橫形備)>를 중요 포인트로 삼는 서적도 있다.

<종형비>는 대지의 앞쪽에서 뒤쪽으로의 길이가 긴 것을 가리키며 이런 경우에는 남쪽에 집을 짓고 북쪽을 마당으로 삼아 음양의 조화를 이룰 수 있기 때문에 길상으로 보는 것이며 <횡형비>는 대지의 좌우가 긴 것을 가리키며 이 또한 남향집을 지었을 경우에 집 전체가 볕을 많이 받아들여 음양의 조화는 물론 발운(發運 : 운세를 일으킴)의 복이 있다 해서 길상을 보는 것인데, 결국 직사각형이며 남향인 대지를 다른 말로 풀이한 것이라고 볼 수 있다.

<가상비전(家相秘傳)>에도 지세와 지형에 관하여 구체적인 예를 많이 들고 있는데, 그 중의 하나를 소개하면 이런 것이다.

"대지의 뒤쪽이 높고 앞쪽이 낮은 지세를 진토(晉土)라 하며 이곳에 집을 짓고 사는 자는 길하다."

즉, 북고남저(北高南低)가 길상이라는 뜻이다.

또 "북동이나 남서쪽에 요철이 없어야 길상", "남쪽에 공터가 있는 대지는 길상", "마당에 커다란 나무가 있으면 흉상"이라는 식의 여러 가지 내용들이 들어 있다.

오각형이나 삼각형인 대지도 그냥 대지로 사용할 경우에는 별문제가 되지 않지만 주거지인 집을 짓기에는 적합하지 않다. 도로와의 관계도 도로와 마주보고 길게 뻗어 있는 대지는(그림4) 처음에는 번창하지만 점점 운이 쇠퇴해가는 형국이며, 도로에서 안쪽으로 길게 뻗어 있는 대지가(그림5) 저력이 있고 운세가 강하다고 본다.

지질(地質)도 문제가 된다. 불순물이 없는 토양이 가장 좋으며 진흙이나 모래가 섞인 토양은 그 다음으로 친다. 그리고 부식토나 오물이 섞인 토양은 흉상으로 본다.

지세는 초목을 보고 판단한다. 담쟁이덩굴 같은 것이 잘 자라고 있다면 지세가 약해졌든가 아니면 약해지고 있는 증거다. 또 한 한두 그루의 나무만이 힘차게 자라고 있고 다른 초목은 기세를 잃고 있는 경우에도 지세가 약해진 증거이기 때문에 결코 좋은 대지라고 말할 수 없다.

땅 속에 나무의 그루터기나 쓰레기가 묻혀 있는 것도 흉상으로 본다. 불에 탄 흙도 흉상으로 보며 만약 화재가 난 뒤에 집을 지으려면 그 흙을 걷어내고 새 흙으로 메운 뒤에 집을 지어야 운세를 막지 않을 수 있다.

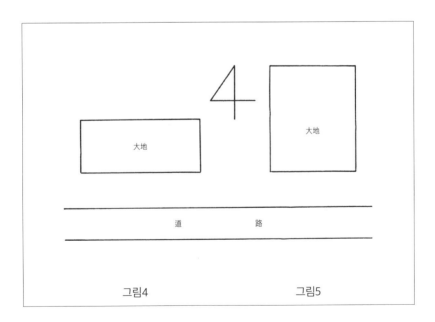

2) 주택에서 주의해야 할 흉상

지금까지 "건방(乾方)과 손방(巽方)의 중요성", "돌출과 함몰", "삼소삼비"등에 대해 설명했다. 삼소란 음침한 장소, 습기한 장소, 불결해지기 쉬운 장소(특히 건방과 손방과 중앙을 중요시한다)를 가리키며 삼비란 부엌, 우물(수도), 화장실을 가리키는 말이라 했다.

현대사회에서는 주방기구나 설거지통 수세식화장실의 발달로 그 길흉의 의미가 어느 정도 약해졌지만, 화기(火氣)나 수기(水氣)는 가상학에서 특히 중요한 부분이니 주의하지 않으면 안 된다. 그리고 화장실에 대해서는 수세식인 경우 정화조를 화장실과 같은 의미로 해석한다. 이런 것들은 모두 <가상반>을 이용하여 판단한다.

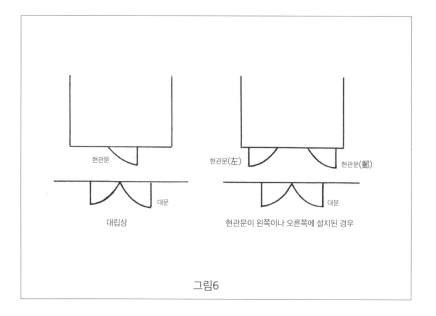

그림6

그 밖에도 꼭 피해야 할 흉상이 있다.

우선 <대립상(對立相)>이다. 대립상은 호랑이 두 마리가 서로 마주보고 으르렁거리는 흉상으로 가정불화가 일어나기 쉽고 환자가 속출한다고 보는데, 대립상 중에서 가장 많은 것이 현관과 대문이 일직선상에 있는 것이다. 현관을 대문에서 바라볼 때 왼쪽이나 오른쪽으로 약간 치우쳐 있는 것이 좋다.(그림6)

현관문으로 들어가 정면에 계단이 있을 경우에는 현관과 계단의 대립상으로 보며 욕실이나 화장실이 현관과 일직선상에 있는 것도 대립상으로 본다. 또 방 하나를 예로 들 경우, 방문과 난로가 일직선을 마주보고 있는 것도 대립상이며 넓은 범위에서 볼 때, 골목과 현관의 대립상도 있다. 대립상은 모두 흉상이니 주의하는 것이 좋다.

집안 한가운데에 계단이나 복도가 있는 것도 흉상으로 본다. 앞서도 말했듯이 중심점은 집에서 가장 중요한 방이 차지해야 하기 때문에 안방이나 거실이 오는 것이 이상적이다. 그런데 함몰의 흉상으로 보는 계단이나 복도가 중심점을 차지하고 있으니 나쁜 의미로 보는 것이 당연한 이치다. 그리고 중앙에 복도나 계단을 설치할 경우 아무래도 방과 방이 서로 대립하기 쉬워 결국 대립상까지 만들게 되는 것이다. 이런 경우에는 가정불화와 병을 만연시키는 흉상으로 본다.

<사방폐쇄형>이라는 흉상도 있다. 마치 토끼장처럼 사방이 모두 방이나 벽, 복도로 둘러싸여 바깥 공기를 흡수할 창문조차 없는 경우를 말한다. 즉 삼면이 벽으로 싸여 있고 문이 있는 곳은 복도와 연결되어 있으며 창문이 한 개도 없는 경우가 그렇다. 이런 곳은 사실 통풍이 좋지 않고 볕도 들지 않기 때문에 당연히 건강에 좋을 리가 없는 흉상이다.

가상학 용어 중에 "돌출·함몰"과 함께 "개방·폐쇄"라는 말이 있는데, "개방"은 복도나 커다란 창을 말하며 운세의 소모를 가리킨다. 그리고 "폐쇄"는 벽을 가리키며 운세의 충실함을 표현한다. "사방폐쇄"인 경우에는 상식적으로 생각해도 그다지 좋은 인상은 주지 않는다. 요즘에는 그런 집을 거의 볼 수 없지만, 만약 그런 집일 경우에는 공간 확보와 통풍을 위해 개축할 필요가 있다.

3) 맨손이나 아파트인 경우

요즘에는 연립주택이나 아파트, 맨션에 사는 사람들도 많이 있다. 이런 경우에는 가상을 어떻게 감정해야 하는가.

<가상반>을 이용해서 길흉을 감정하는 것은 똑같지만 1층 주택인 경우와는 사정이 다르다. 1층 주택인 경우에는 대부분 지상에 건축하게 되고 2층이나 3층 주택인 경우에도 1층을 기준으로 보지만(지하의 방은 주거용으로 보지 않는다) 고층 아파트인 경우에는 천기(天氣 : 양의 기운)가 강해지고 지기(地氣 : 음의 기운)가 약해지게 된다.

방은 편리함이 중시되어 그에 맞게 설계되었고, 삼비(화장실, 부엌, 욕실)도 환기나 배수설비가 근본적으로 바뀌어 가상학의 기본적 의미를 적용시켜 길흉을 판단하기는 어렵다.

즉, 가상의 원칙은 변하지 않지만 감정 기준은 1층 주택인 경우와 많은 차이가 있다는 것이다. 그리고 감정 결과도 흉상이 많이 나오게 된다. 그렇다고 해서 개축할 수도 없는 일이니까 결국 인테리어를 이용해 가구 배치나 칸막이를 만드는 것이 흉상을 없애는 중요 포인트가 될 것이다.

예를 들면 대립상인 경우에 칸막이를 설치하거나 어항을 설치하는 식으로 말이다. 그런 의미에서 볼 때, 길흉에 관한 판단의 범위도 매우 축소될 것이다.

어쨌든 가장 중요한 것은 흉상을 미리 방지하기 위해서는 첫선택을 잘해야 한다는 것이다 .우선 서쪽이나 북쪽이 아닌 동쪽이나 동남쪽에 창문이 있어서 볕이 잘 드는 곳이어야 하며 통풍이 잘 되어야 할 것이다. 현관문을 들어섰을 때 공기가 탁하다면 길상의 집으로는 보기 어려우니까. 그리고 다용도실이 잘 꾸며져 있어야 거실을 넓게 활용할 수 있기 때문에 이상적이라고 말할 수 있다. 또 세부 사항의 예로는 화장실이 남쪽에 위치하지 않는 것이 좋다.

그리고 고층 아파트인 경우에는 5층 이하가 좋다고 말할 수 있다. 너무 높으면 양기가 강해서 오히려 흉상이 되기 때문이다. 만약 그 이상의 층에 살게 된다면 엘리베이터와 가까운 곳이 좋은데 그 이유는 엘리베이터를 통해 지기를 흡수할 수 있기 때문이다.

중요한 것은 음양의 조화가 잘 이루어져 있어야 한다는 것이다.

5. 흉상을 없애는 비법

사람은 누구나 자기의 생활양식에 맞추어 집을 짓거나 사게 되는데 결국 집은 그 주인과 함께 어우러져 서로 동화해가며 알게 모르게 운명을 같이 하게 된다.

길상의 집에 살게 되면 운세가 좋아지고 흉상의 집에 살게 되면 운세가 약해진다는 것은 많은 예를 통해 확인할 수 있다. 물론 가상이 좋지 않으면 이사를 가면 되겠지만 요즘의 주택 사정을 생각해 볼 때 집을 옮기는 것이 그렇게 간단한 일은 아니다.

결국 흉상을 막아내는 비법을 이용해 그 의미를 축소시키는 것이 무엇보다 필요한 일이라고 말할 수 있을 것이다.

1) 작은 연구가 흉상을 막는다

우선 "돌출·함몰"에 관한 길흉의 강약은 그곳에 위치한 방의 역할에 따라 의미가 달라진다. 즉, 돌출이나 함몰된 부분이 침실이냐 거실이냐, 또는 서재냐에 따라 의미가 달라진다는 것이다. 또 방위와도 깊은 관계가 있다.

예를 들면 함몰 부분이 그다지 사용하지 않는 손님접대용 방이라면 그다지 중요한 흉상이라고는 볼 수 없는 것이다. 그러나 가족이 매일 사용하는 거실이나 침실이라면 매우 중요한 흉상으로 작용하게 된다. 그러니까 인테리어적 연구나 쓰임새를 이용하여 흉상의 의미를 약하게 만드는 것도 가능하다는 뜻이다.

그 밖의 흉상에 대해서도 창문을 변형시키거나 커튼을 치거나 칸막이를 이용하여 흉상의 의미를 약화시킬 수 있다.

만약 현관문과 방문이 대립상인 경우에는 현관문은 오른쪽으로 방문은 왼쪽으로 열리도록 바꾼다면 대립의 의미를 약화시킬 수 있다. 만약 그 거리가 길다면 화분 같은 것으로 차단해 둘 수도 있을 것이다.

현관과 계단이 대립상인 경우에도 계단 입구의 방향을 바꾸거나 화분을 놓아 대립을 피할 수 있다.

또 욕실이나 화장실과 현관이 대립상이라면 아코디언식 칸막이를 설치하여 접었다 폈다 할 수 있도록 그 흉상을 막을 수 있다.

마당이나 집안의 화분을 심는 식물에도 길상과 흉상이 있다. 길상의 식물로는 월계수, 구기자, 자귀나무, 소나무, 대나무, 매화, 수국, 국화, 모란, 치자나무, 작약, 오동나무 등이고, 반대로 흉상의 식물로는 소철,

종려나무, 포도, 덩굴나무 등이다. 흉상을 막기 위해 사용하는 차단용 화분이나 나무라 해서 아무것이나 사용해도 된다는 것은 아니다. 역시 그 장소에 맞는 길상의 식물을 선택하는 것이 중요하다.

또한 집을 증축하거나 개축할 경우에는 임산부가 있으면 당연히 피해야 하며 집안식구들이 모두 건강하다 해도 가장의 생년월일을 참고하여 택일을 하는 것이 중요하다.

거듭 말하지만 동양역리학은 모두 음양오행에 근거를 두고 있기 때문에 반드시 종합적인 판단을 내려야 하는 것이다.

2) 길상의 집을 신축하기 위한 지식

지금 살고 있는 집의 가상을 감정하여 흉상을 없애려 하는 것은 매우 중요한 작업이다.

가능하다면 집을 짓기 전에 길상의 집을 설계하여 건축하는 것이 가장 좋은 예방법일 것이다. 즉, 집을 지으려는 사람은 가상학에 근거를 두고 설계를 하는 것이 흉상을 미리 막을 수 있다는 뜻이다.

그러나 집을 신축한다 해도 현대사회에서는 여유 있는 부지를 확보하기가 어렵다. 다만 가능하다면 최대한의 길상을 찾아내는 것이 무엇보다 중요한 일인 것이다.

우선 가상반의 중심점과 북쪽을 맞추는 것이 중요한데, 현재 집이 지어져 있는 경우에는 나침반이 가리키는 정북쪽과 일치하도록 가상반을 맞추지만 대지에 신축하기 위해 가상반을 이용할 경우에는 북쪽에서 서쪽으로 약 4~5도 정도 벗어난 곳을 정북으로 잡는다.(그림7 참조)

그 이유는 20~30년 이후의 시차를 생각하기 때문이다. 이것은 매우 중요한 비전(秘傳)이다. 그리고 장소를 선택하는 삼비(부엌, 화장실, 욕실)부터 결정하는데, 가상반의 壬과 亥, 申과 戌에 욕실과 화장실을 배치한다. 이곳이 욕실과 화장실이 위치할 길방(吉方)이며 돌출일 경우 길상을 부르는 장소다. 이어서 도로상활을 생각하여 대립상이 되지 않도록 현관과 문을 결정하고 부엌, 거실을 차례를 구분을 나간다.

대지가 작을 경우에는 어느 정도 무리를 감수할 수밖에 없다. 중요한 것은 흉상을 하나라도 더 피하는 것이다.

도저히 피할 수 없는 흉상인 경우에는 가장의 생년월일과 팔괘구궁을 이용하여 흉상을 길상으로 바꿔야 한다. 즉, 흉상의 대처방안을 미리 활용해서 살기 편하고 사용하기 좋은 길상의 집을 만드는 것이다.

　이런 눈에 보이지 않는 배려와 연구가 좋은 집을 만들 수 있는 것이다.

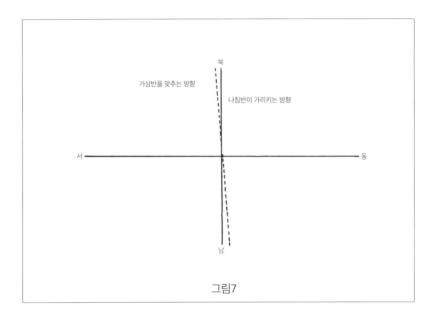

그림7

3) 길상의 집에는 길상의 사람이 살아야 한다

지금까지 가상에 있어서의 길흉을 설명했지만, 가장 중요한 것은 그 집에 사는 사람이라고 말할 수 있을 것이다. 집은 사람이 만들고 사람은 집을 만든다. 즉, 아무리 길상의 집이라 해도 사람의 마음이 음흉하고 덕이 없으며 이기적인 인물이라면 길상의 의미는 쇠약해질 수밖에 없고 또한 어느 정도 흉상의 집이라 해도 사람의 마음이 대범하고 덕이 있으며 인정이 많을 경우에는 그 흉상의 의미가 약해진다는 뜻이다. 가상을 연구할 때 가장의 사주를 종합해서 판단하는 것은 바로 이런 이유에서이다.

집에는 여러 사람의 입김과 기운이 드나들어야 한다. 흔한 말로 "사람이 꾀는" 집이 길상이라는 것이다. 모든 사람을 사랑하고 폭넓게 포옹하며 인정을 베푸는 사람의 집에는 흉상이 존재할 수 없고 습기찬 공간이 있을 수 없다. 그러나 사람들을 기피하고 자기만의 공간이라는 이유로 폐쇄적인 생활의 반복만이 이어져 집안에 활기가 없는 것이다. 결국 아무리 좋은 길상의 집이라 해도 길상의 사람이 살지 않는 다면 그다지 좋게 볼 수는 없다는 뜻이다.

이상으로 <가상학>에 관하여 기본적인 내용들을 정리해 보았다. 중요한 것은 종합적인 판단을 내려야 한다는 것과 사람의 인품이 얼마나 많은 범위를 차지하는가 하는 것이다.

가능하다면 사람을 가리지 않는, 음양의 조화를 이룬 생활을 기초로 하여 <가상학>에도 그 의미를 적용, 밝고 건전한 삶이 되도록 힘을 써야 복을 부를 수 있을 것이다.